MONSEIGNEUR,

L'ouvrage que je prends la liberté de préfenter á votre ALTESSE SERENISSIME, a pour objet la recherche des moyens de procurer

la

la vraïe richeſſe de l'Etat, le vrai principe conſtitutif du bonheur des peuples
& des Souverains. On ne peut traiter
dans un ouvrage public, un ſujet plus in-
téreſſant aux yeux d'un prince dont l'a-
me noble & ſenſible voudroit que tous
les hommes fuſſent heureux, qui ne peut
voir ſouffrir ſon ſemblable ſans atten-

dri-

LA VRAIE RICHESSE DE L'ÉTAT

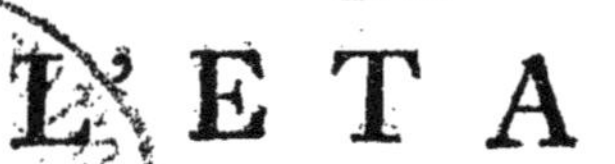

Semper officio fungitur utilitati hominum consulens &
tuenti.

Cic. Offic. 3.

A VIENNE,
CHEZ JOSEPH KURZBÖCK, IMPRIMEUR ILLYR,
ET ORIENT. DE SA MAJ. IMP. ROY. AP.

1774.

C. Giuseppe Crotti G. C.

driffement & fans lui tendre une main bienfaifante. Ces fentimens fi dignes d'un prince dont les ancètres ont regné pendant des fiécles fur les peuples d'un d'Etat, qui quoique réunis aujourd'hui à une grande monarchie, chériffent encore le nom de Rohan; ces fenti-mens qui relevent l'éclat de la plus

haute

haute naiſſance, m'aſſurent que votre

ALTESSE SERENISSIME daignera

recevoir mon hommage avec bonté.

Je ſuis avec un trés profond reſpect,

MONSEIGNEUR,

DE VOTRE ALTESSE SERENISSIME

Le trés humble & trés obéïſſant
ſerviteur.

A. DE SERIONNE.

DISCOURS PRELIMINAIRE.

On pourroit former une bibliothéque des ouvrages publiés depuis vint ou trente ans fur l'art de cultiver la terre , fur l'induftrie, le commerce, les finances & la population. Cependant on ne peut fe diffimuler que presque tous les peuples d'un bout de l'Europe à l'autre, font dans l'indigence ; que le nombre des mendians s'accroit tous les jours ; que les crimes que la miſére fait commettre, fe multiplient à l'infini, & qu'enfin la population dépérit fans ceffe. Les diſettes font plus fréquentes & plus générales, parcequ'on cultive moins & moins bien ; les reffources de l'induftrie & du commerce nfiniment affoiblies, on éprouve plus fouvent des faillites, parceque pendantque d'un côté la fomme générale des reproductions annuelles diminue ; de l'autre les conſomma-

tions

tions se resserrent, & l'industrie & le commerce ont beaucoup moins d'objets à faire valoir. Les moyens de subsistence diminuent en proportion, d'où s'ensuivent la misère & le dépérissement des peuples des villes. La finance calcule des trésors dans les caisses des Souverains, & ces trésors détruisant continuellement les sources dans lesquelles on les puise, ne sont qu'une richesse momentanée, qu'une malheureuse & fausse richesse.

Les progrès de la destruction sont tels chez les grandes nations de l'Europe, que si l'amour de l'humanité ne fait pas trouver les moyens d'en arrêter le cours, il faudra qu'un jour les habitans des villes & les grands propriétaires soient forcés de se répandre dans les campagnes pour y grater la terre, & d'y remplacer les cultivateurs pour se procurer des vivres. Nous avons des trésors dans les spéculations de nos socié-

ciétés d'Agriculture, notre Théorie est riche
& nous sommes pauvres, parcequ'elle n'a
point attaqué les vraïes causes de la destruction.

Comme l'Agriculture est le seul principe productif de la vraïe richesse, l'abandon de l'Agriculture est nécessairement la
cause de la pauvreté. Cet abandon est forcé
par l'excès des corvées & des impots. Les
charges publiques qui dans ce siécle ont fait
des progrés énormes chez toutes les nations
de l'Europe, ne permettent point la diminution des impots. Mais seroit-il impossible
de concilier la nécessité de payer les charges
de l'Etat avec l'entretien de la source qui
fournit la somme que ces charges demandent? seroit-il impossible de diminuer le
poids sous lequel les Cultivateurs gémissent
& succombent, par une direction nouvelle
& en changeant la forme de l'impot & des
corvées?

Le traité de *la Vraie richeſſe de l'Etat*
a pour objet la recherche des moyens d'écarter ou de diminuer infiniment une partie des
Calamités, qui depuis longtemps affligent
l'humanité, de donner des bras à la terre,
de ranimer ceux que l'indigence n'a pas encore Abbatus, & d'arréter les progrés de la
deſtruction.

TABLE DES MATIÉRES.

CHAP. I.

Idée générale de la vraie richesse de l'Etat.

CHAP. II.

Du Gouvernement en général.

§. 1. Des différentes formes de Gouvernement. 34

§. 2. De l'art du Gouvernement. 51

§. 3. Du Systême de la Science du Gouvernement. 76

§. 4. Du bonheur des peuples. 119

CHAP. III.

De l'Agriculture.

§. 1. Des agens de l'agriculture. 125

§. 2. Des Sociétés d'agriculture, & des conseils de commerce. 146

§. 3. De l'agriculture comme seul principe
productif de la vraie richesse de
l'Etat. 151

CHAP.

CHAP. IV.

Des Corvées.

§. 1. Des corvées en général. 161
§. 2. Exemple d'une concession, qui est ce qu'on appelle un païsan entier. 178
§. 3. Conversion des corvées en un équivalent en fruits. 189
§. 4. Calamités & destruction résultant de l'usage des corvées & de l'excès des impôts, à prévoir & à prévenir. 193
§. 5. Devoirs des Seigneurs. 204
    Objection. 231
    Reponse. 232
§. 6. Des ouvriers de l'agriculture. 236
§. 7. Reproduction des bestiaux. 239
§. 8. Des abeilles. 240
§. 9. Des communes. 243
§. 10. De la reproduction des bestiaux. 243
§. 11. Des avances à faire par les Seigneurs, pour remplacer les corvées par une bonne culture, le moïen de procurer les fonds nécessaires. 246
    Réponse à d'autres difficultés. 249

CHAP. V.

De l'impôt territorial.

§. 1. De l'impot territorial en général. 254
§. 2. Conversion de l'impôt territorial en un équivalent en fruits. 261

§. 3.

§. 3. De la liberté du commerce des grains
& des moiens d'en écarter tout in-
convénient. 296
Objection. 299
Reponse. 300
Objection. 305
Reponse. 307
§. 4. Des greniers publics. 315
Conclusion. 317

TOME SECONDE.
CHAP. VI.

De l'industrie & du commerce, agens du seul
principe productif de la vraïe richesse.

§. 1. Principes. 2
§. 2. Distinction des manufactures. 17
§. 3. L'agriculture premiere base des manufactures. 18
§. 4. De la liberté. 20
§. 5. Attention à donner aux manufactures. 51
§. 6. Des encouragemens. 84
§. 7. Reponse à un nouveau systéme sur l'industrie & le commerce. 107
§. 8. Du commerce de l'Amérique & des Indes Orientales. 135
§. 9. Resultat de l'activité de l'industrie &
du commerce. 157
§. 10. De la balance, du change, du crédit,
de l'intérêt de l'argent, & de la
circulation. 157

CHAP. VII.
Des Finances.

§. 1. Des finances en général. 174
§. 2. De l'impôt en général. 191
§. 3. Des sujets qui n'ont que des bras, relativement à l'impôt. 225
§. 4. De l'impôt territorial. 239
§. 5. Des droits sur les consommations. 244
§. 6. Du luxe. 252
§. 7. De quelques autres branches de l'impôt. 258
§. 8. De l'impôt sur le sel & le tabac. 262
§. 9. De l'impôt sur le vin. 273
§. 10. De la capitation. 274
§. 11. Du domaine du Souverain. 286
§. 12. Des douanes & du tarif. 292
§. 13. Des traités de commerce. 306
§. 14. De la population. 309
§. 15. Des lettres, des sciences & des arts. 335
§. 16. Du crédit public. 345
§. 17. Département des finances. 386
§. 18. Conclusion. 387

Chap. I.

Chap. I.

IDÉE GÉNÉRALE DE LA
VRAIE RICHESSE DE L'ETAT.

L'abondance & la variété des productions naturelles toujours renaissantes par une agricultnre élevée dans un état florissant, sans cesse soutenue & animée par les grandes Consommations que l'industrie & le Commerce lui procurent, font la vraie richesse de l'Etat. L'agriculture en est le prin-
A   cipe

cipe produᶜtif; & l'induſtrie & le
Commerce ſont les agens qui par les
conſommations qu'ils procurent, vi-
vifient continuellement ce principe,
& lui donnent toute la force néceſſaire
pour produire dans l'Etat la plus
grande abondance de Richeſſes poſſible. De là ſuit néceſſairement la
plus grande & la plus heureuſe population. La puiſſance rélative des
Etats n'a point d'autre ſource. Ce
ſont les reſſources ſeules de ce principe, qui conſtituent une proſpérité
durable & une puiſſance ſolide &
permanente.

Les petites Républiques ne poſſè-
dent point cette Richeſſe. Elles ne
ſauroient acquérir la vraie Richeſſe
de l'Etat. Ces Républiques ne ſub-
ſiſtent que par le Commerce, qu'elles
font des produᵓtions naturelles des
autres nations, & par quelques valeurs nouvelles, que leur induſtrie
peut ajouter à des produᵓtions étrangères. Le rang que ces Républiques
occupent dans l'ordre général &
naturel des ſociétés, eſt exaᵓtement
ſemblable à celui que tout homme induſtrieux occupe chez une grande
nation. Cet homme & ces Républiques

ques exercent un art lucratif, qui at-
tire dans leurs mains des Signes des
valeurs, & par-conféquent des Signes de la Richeſſe. Mais le principe
productif des valeurs qui conftituent
la vraie Richeſſe, n'eſt point dans
leurs mains, & leur état eſt également
prècaire; parceque leur art ne s'exerce & ne peut s'exercer que ſur les productions naturelles qui ſont dans les
mains des propriétaires des Terres &
des Cultivateurs.

Ces Républiques ne peuvent donc
acquèrir qu'une opulence factice &
par conſéquent que des forces précaires, & une proſpérité momentanée
qui peut être également dètruite par
les progrès des grandes nations dans
les Arts lucratifs qui ſont la ſeule
ſource de l'opulence de ces Républiques, ou par l'excès de numéraire ou
des Signes des valeurs, que les arts
lucratifs y accumulent. Ces cauſes
deſtructives agiſſent actuellement de
la maniére la plus ſenſible dans toutes
les Républiques Européennes.

Arretons nous à la Hollande, la
plus riche & la plus puiſſante de nos
Républiques, & donnons un coup
d'oeil à l'univerſalité de ſon Com-

merce actuel (*a*). Son Commerce des manufactures nationales n'exiſte plus ; & abſtraction faite du Commerce de commiſſion & de celui des aſſurances, l'univerſalité du Commerce de la République ne rapporte pas en tout aux propriétaires du Capital de numéraire qu'il occupe, quatre pour cent tous frais déduits. Il eſt en même temps certain que tout le Commerce que la Hollande peut faire, occupe exacte-ment la Somme de numéraire pro-portionneé à ſon étendue, & qu'on ne ſauroit par conſéquent y emploier de nouveaux fonds ſans forcer toutes les branches dans lesquelles on vou-droit les porter, c'eſt à dire ſans en rendre les bénéfices nuls, ou même ſans les rendre ruineuſes par l'excés d'une nouvelle Concurrence.

Qu'après avoir conſidéré le Ta-bleau du Commerce de la Hollande, on rappelle dans le ſein de la Ré-publique plus de quinze cens mili-ons de numéraire emploiés dans les

em-

(*a*) Voy. *le Commerce de Hollande*, Ouvrage dans lequel nous avons obſervé dans un grand détail les Richeſſes, la marche & les effets du commerce de cette Républi-que, & ſa Situation actuelle.

emprunts de la France, de l'Angleterre, de la banque de Vienne, &c.
on voit qu'il feroit impoſſible aux
Hollandois de foutenir leur commerce contre le poids énorme de numéraire dont leur circulation ſe trouve-
roit furchargée. Il eſt certain que
cet amas de numéraire, fans le fecours de ces emplois étrangers, étant
abſolument fans emploi dans l'intérieur, auroit élevé la République au
période, où l'exces des Richeſſes
amene la pauvreté.

Qu'on ſe répréſente (on le repe-
te, car l'intérêt de la matiere l'exige) plus de quinze cents milions
rentrés dans le ſein de la République,
ou ce qui eſt égal, n'en étant jamais
ſortis par l'effet d'une Loi prohibiti-
ve rigoureuſement obſervée (*a*): qu'
arrive-t-il alors? on voit en Hollande une prodigieuſe quantité de riches
capitaliſtes, qui n'ont pas dequoi vivre, parcequ'il leur eſt impoſſible de
placer chez eux leur argent à intérêt.
Nul emploi dans le commerce, parcequ'en l'abſence de ces quinze cens

A 3 mi-

____

(*a*) Cette loi exiſte, mais le gouvernement ne
l'a jamais fait exécuter.

milions, le commerce a tous les fonds
qui lui ſont néceſſaires, et qui ſont
tellement proportionnés à ſon étendue, qu'on ne ſauroit y ajouter ſeulement cent milions ſans forcer toutes
ſes branches et conſéquemment ſans
le ruiner. Il n'eſt dejà que trop reſ-
ferré, puisque ſes bénéfices ſont presqu'entiérement réduits à celui du fret,
de la commiſſion, de la banque et des
aſſurances. Il en eſt de même des
immeubles et des obligations ſur l'
Etat : Un accroiſſement ſeulement de
deux cens milions de numéraire à
placer en Hollande les enchériroit au
point qu'on n'en obtiendroit pas à un
demi pour cent d'intérêt ; et cependant, attendu l'extrême aviliſſement
de l'argent, toutes les choſes néceſſaires à la vie ſeroient à un prix ex-
ceſſif, et l'on verroit la miſére parmi
les monceaux d'or. Tel ſeroit l'effet
d'une Loi qui auroit défendu la ſortie de l'argent et ſon emploi à intérêt
chez les nations étrangères, ſi cette
Loi avoit été rigoureuſement obſervée ; et l'un des plus grands malheurs qui pût arriver à la Hollande, ſeroit un entier rembourſement de ſes
créances ſur les étrangers, et qu'il

n'y

n'y eut plus d'emprunts ouverts chez les autres nations. Il en réfulteroit pour cette République de fi grandes calamités, qu'une perte totale de fes fonds prêtés aux étrangers feroit préférable au rembourfement. Ce mal ne feroit que momentané : car la loi de la nèceffité rameneroit promptement la nation à fes anciennes moeurs, à fa premiere frugalité, à fon ancienne induftrie, et feroit revivre chez elle la plûpart des moyens par lesquels elle a acquis tant de Richeffes de convention, pour en acquérir de nouvelles. Le bas prix de la main d' oeuvre, effet infaillible de la rareté de l'argent, rappelleroit alors toutes les manufactures, et en même temps feroit bientôt renaitre le Commerce de conftruction, la fupériorité de fa pêche, de fon fret et de fa navigation.

Il y a long temps que Venife et Gênes ont vu décroitre prodigieufement leurs Richeffes et leur puiffance par l'effet feulement de l'accroiffement de l'induftrie et du Commerce des grandes Monarchies ; et cependant leur Commerce, quoique borné infiniment aujourd'hui, y accroit fi confidéra-

blement le numéraire, que ces Républiques deviendroient pauvres par
l'effet feul de cette abondance, ſi
elles ne trouvoient plus d'emplois
publics ou particuliers de leur argent
à Rente chez les autres nations. Les
entrepots de Dantzik, de Hambourg,
de Francfort, doivent voir auſſi, ainſi
que la Hollande, reſſerrer ſans ceſſe les
limites de leur commerce par les mêmes raiſons ; c'eſt à dire, parceque l'induſtrie et le commerce des grandes Monarchies font des progrès continuels.

Le Commerce de Dantzik doit
paſſer dans la Monarchie du Roi de
Pruſſe. La maiſon d'Autriche peut
prendre quand elle voudra, une grande partie du Commerce du Levant
aux dépens de la Hollande, de Gênes, Veniſe, &c. aucune puiſſance
n'eſt auſſi à portée du Commerce du
Levant, ſur tout du Commerce de
Crimée et de toute la mer noire. Elle
eſt la ſeule puiſſance, qui a l'avantage de pouvoir faire le Commerce du
Levant par terre et par mer. Il lui
ſeroit facile de former un entrepôt
à Vienne, et par Vienne d'approvi-
ſioner l'Empire en entier, l'Alſace et
la Suiſſe, des productions du Levant

avec

avec plus d'avantage que Venife, Gênes et la Hollande ne fauroient faire.
La Monarchie Autrichienne peut fournir au Levant, fes propres productions, telles que fes étoffes de laine, fa quincallerie, fes mètaux &c. et, outre les marchandises du levant, tirer encore de la Pologne, de la Servie, de la Valachie, de la Moldavie &c. des laines, des cuirs, du fuif, de la cire pour degrandes fommes, et les transporter à l'étranger avec des avantages infinis. Les Païs-Bas Autrichiens, qui fe font livrés depuis quelques années à la pêche avec fuccès, peuvent s'approprier une grande partie de la pêche de la Hollande et de Hambourg du Cabillau et du Harang, fi leur Souveraine leur accordoit le privilege d'approvifioner fes Etats de cette pêche par Triefte et Fiume. On peut auffi former dans ces provinces un entrepôt des denrées des deux Indes, de France et d'Espagne, qui par des routes de terre prendroit fur la Hollande et Francfort l'approvifionnement des quatre Electorats du Rhin et d'une grande étendue de païs que la Hollande et Francfort approvifionnent par la Mofelle,

le Rhin, le Mein et le Neker. La
Maison d'Autriche, fuivant la maxime qui veut que le gouvernement
concentre autant qu'il eft poffible,
dans la nation les dépenfes de la
nation, peut faire approvifionner des
denrées des deux Indes, de France
et d'Espagne par Triefte et Fiume toute fa Monarchie qui jusqu'à préfent
l'a été par Hambourg et Francfort, en
fupprimant les routes de Francfort et
de Hambourg par un droit additionel
à fes Douanes. Ce changement des
routes de cette branche de Commerce
qu'il eft fi facile de faire, ôteroit à Hambourg un commerce de plus de fix milions de florins, et plus de fix cents
mille fl. de bénéfice que Hambourg fait
tous les ans fur la Monarchie de la Maifon d'Autriche, qui refteroient dans les
mains de fes fujets (*a*) : et il eft bien
naturel que la maifon d'Autriche fe fer-
ve de fes ports de mer pour cette importation, au lieu d'émprunter des
ports de mer étrangers.   On

____

(*a*) L'auteur de cet ouvrege a propofé le changement de ces routes & fa Majefté l'Imperatrice Reine l'a ordonné. pour l'effectuer
il ne refte à faire qu'un arrangement économique & mercantile à Triefte et Fiume
pour affurer l'importation à faire par ces
ports à l'avantage de l'état. La route de
                              Triefte

On doit voir encore dans le de-
croiffement du Commerce de ces Républiques , furtout de celui de la
Hollande et de l'Angleterre (*a*) , la
caufe principale de Ces faillites fre-
quentes de maïfons de Commerce des
plus puiffantes, qui ébranlent ou in-
quietent un nombre infini d'autres
maifons , et entrainent la chûte de
plufieurs. Par ce décroiffement il faut
néceffairement que les objets de Commerce manquent, et cependant le
nombre des nègocians femble s'accroitre tous les jours, la concurrence
eft

Triefte à Vienne peut être améliorée par
une navigation du tiers de cette route,
qu'il eft facile d'etablir à peu de frais &
dont une partie a exifté autrefois. c'eft
là encore une propofition de l'auteur.

(*a*) Le Commerce de l'Angleterre peut etre
affimilé aujourd'hui a peu de chofe près
à celui de ces Républiques. Elle a presqu'
entiérement perdu le débouché de fes manufactures en Europe. Elle eft obligée d'
achetter tous les ans depuis un grand
nombre d'annes des grains de l'étranger
ou d'en intredire la Sortie, au lieu d'en
vendre, comme elle faifoit autrefois pour
des milions. Elle ne fait plus de Commerce de propriété presque qu'avec l'Ame-
rique, et la plus grande partie de fon Commerce eft aujourd'hui le Commerce d'
Economie. *Voy*: nos obfervations à ce fujet
dans *la richeffe de l'Angleterre imprimée à
Vienne chez Trattnern en 1771.*

eſt toujours la même. Cette concur‑
rence des négocians, l'avidité du
gain et la diminution du Commerce,
ou un Commerce diviſé dans un trop
grand nombre de mains, font por‑
ter les ſpéculations ſur des objets in‑
certains, qui ne donnent que peu
ou point de bénéfice, et donnent
ſouvent de la perte, et qui cepen‑
dant emploïent de grandes ſommes
comptant et de bien plus grandes en‑
core en crédit. Il faut enſuite que ce
crédit circule; et ce crédit même de‑
vient un objet de ſpéculation et de
Commerce pour d'autres négocians,
qui regardent comme un Commerce
lucratif, les Commiſſions d'accepter
et de tirer leur rembourſement pour
compte d'ami, pour gagner des béné‑
fices de proviſion et de change avec
leur ſeule ſignature. Si les négocians,
qui par des ſpéculations étendues ſur
des objets incertains, ont conſtitué
cette circulation de crédits, perdent
le fonds capital de leur maiſon ou
une grande partie, fonds qui ſou‑
vent ne monte pas à la dixieme par‑
tie de leur crédit, il faut néceſſaire‑
ment qu'ils tombent et que leur chu‑
te entraine celle des Négocians, qui

leur

leur ont imprudemment livré leur confiance pour gagner des droits de commiſſion et de proviſion; car alors il ne ſe trouve pas de valeur réelle pour une grande partie des ſommes repréſentées par les Lettres de change miſes en circulation. Si la faillite d'un négociant, qui pour ſoutenir une ſpéculation étendue, a entrepris de faire circuler des Lettres de change pour une grande ſomme, eſt de bonne foi, quoique cette faillite ſoit de pluſieurs milions, comme il arrive ſouvent, la perte ne doit point aller au delà de ce qu'une ſpéculation ordinaire de commerce peut en donner, et des frais de la circulation du crêdit, qui peuvent monter jusques à 20 ou 25 p 100. Dans ce cas les négocians, qui auront ſoutenu ſon crédit et dont cette faillite aura fait ceſſer les payemens, doivent ſe relever et ne donner aucune perte à leurs créanciers, ou en donner fort peu. Le contraire arrive, ſi la faillite de pluſieurs milions ſe trouve de mauvaiſe foi, comme on en a vu trop ſouvent des exemples. Une telle faillite entraine presque ſans reſſource la ruine entiére d'un grand nombre de négocians.

C'eſt

C'eſt ainſi que les Richeſſes, ſoit publiques, ſoit particulieres, qui ne ſont que le fruit des arts lucratifs, de l'induſtrie & du Commerce, ſont incertaines, diminuent, s'aviliſſent & peuvent enfin diſparoitre tout à fait.

Il n'en eſt pas de même des Richeſſes, qui ſont le fruit du principe productif, qui conſiſtent dans les productions naturelles toujours renaiſſantes par les travaux des Cultivateurs. Les calamités auxquelles l'humanité eſt naturellement ſujette, peuvent en diminuer l'abondance; mais un bon Gouvernement, de bonnes Loix, une meilleure adminiſtration, la retabliſſent facilement. L'agriculture, cette baſe naturelle de la proſpérité & de la puiſſance des Etats, ne recevra que très difficilement les atteintes deſtructives de l'abondance du numéraire; ſi cette abondance ſurtout n'eſt attirée dans l'Etat, que par la vente de ſes productions. Car cette abondance, qui ſe diviſe infiniment, ne ſera long tems ſenſible, que par les accroiſſemens de l'agriculture, jusques à ce qu'elle ſoit élevée à l'état le plus floriſſant; par l'aiſance des cultivateurs & par l'augmentation de la

la population. Il eſt presque impoſſible d'aſſigner chez une puiſſance territoriale, des limites à l'accroiſſement
de l'agriculture & de la population,
& le dégré où l'abondance du nu-
mèraire doit être une cauſe deſtructive, ſi cette abondance n'eſt attirée
que par la vente de ſes productions
naturelles, ſoit brutes, ſoit miſes en
oeuvre. S'il ne ſurvenoit point de
temps en temps de ces évènemens
qui obligent les nations de faire de
grandes dépenſes au dehors, un grand
nombre de Siécles ne ſuffiroit pas pour
rendre chez une grande nation l'a-
bondance du numéraire deſtructive
de l'agriculture & de la population,
& par conſéquent de la vraïe richeſſe
de l'Etat. L'abondance du numéraire ne ſeroit pas plus deſtructive
d'une nation Européenne, qu'elle l'a
été du Japon, de la Chine & de quelques autres nations des Indes, où le
numéraire s'accroit tous les ans depuis tant de Siécles, & où l'agriculture & la population ſe ſoutiennent
toujours dans le même état. (*a*)

Les

____

(*a*) Voy. nos obſervations dans *le commerce
de la Hollande* imprimé à Amſterdam chez
Changuion en 1768.

Les consommations du grand luxe entretiennent au Japon la population la plus nombreuse. Les arts sont cultivés dans toutes les parties de l'Empire. Les Japònois excellent dans la gravure, la dorure & la Cizelure: ils surpassent les Chinois dans la fabrication du papier, des étoffes de soye, & des étoffes or & argent, dans la fabrication de la Porcellaine, des vernis, des armes &c., leur industrie éclate surtout dans la culture des terres, dont ils ne laissent pas un pouce inutile.

Les revenus de l'Empereur du Japon montent suivant *Kæmpher*, voyageur qui a observé cet Empire avec soin, & généralement estimé, à plus de quatre cents milions de Florins argent de Hollande, ce qui est le produit d'un impot sur les terres & sur les maisons des villes. Les arts & l'Industrie ne payent rien, & l'on ne connoit point d'autre impot au Japon, qu'une Contribution volontaire, qui a pour objet l'entretien du culte religieux, pour la quelle on ne force personne.

Les villes sont bien bâties & bien peuplées; *Kæmpher* en compte treize

mille

mille, & neuf cents mille huit cents
bourgs ou villages, auffi fort peu‑
plés (*a*). On eft étonné, difent les
voyageurs, du nombre de boutiques
de marchands répandues dans les vil‑
les & dans les villages, & l'on a de
la peine à comprendre comment un
païs feparé du refte du monde, & qui
n'a qu'un fort petit commerce très
défavantageux, en peut faire un fi
grand dans fon propre fein (*b*).

(*c*) Si ces voïageurs avoient mi‑
eux obfervé, Ils auroient compris que
cette grande population fuppofe nécef‑
fairement une fomme immenfe de pro‑
ductions naturelles & l'agriculture la
plus animée par les grandes confom‑

B   ma‑

(*a*) on n'eft point étonné de ce grand nombre
de villes & de villages, que les voyageurs
ont cru voir dans le japon, quand on con‑
noît l'ancienne population de la France.
En 1368 on comptoit, dit M. villaret hift.
de France, douze cents mille feux dans la
feule principauté d'Aquitaine, (ce qui fup‑
pofe près de cinq milions d'ames) & que
les parties conquifes de cette même pro‑
vince, qui devoient être rendues au Roi
d'Angleterre par les propofitions de paix en
1376 étoient de 1400 villes fermées & de
3000 fortrereffes.

(*b*) On croit que l'Emprie du japon a un grand
commerce avec les habitans de jeffo & des
Terres auftrales.

(*c*) Voy. *Le Commerce de la Hollande.*

de l'induftrie & d'un grand Luxe.
C'eft la confommation du peuple induftrieux qui enrichit le cultivateur,
& le peuple induftrieux eft entretenu
à fon tour par les confommations d'
un grand luxe. Il eft aifé de concevoir que fi le luxe refferroit fes
dépenfes, que fi les Princes & les
Seigneurs, qui font en plus grand
nombre au Japon que chez aucune
autre nation, fe livroient à l'économie & s'avifoient de théfaurifer, la
claffe du peuple induftrieux manque-
roit de moyens de fubfiftance: elle
dépêriroit néceffairement : les villes
deviendroient défertes, et dès lors le
dècroiffement des confommations rendroit néceffairement l'agriculture
languiffante. Les confomn...ctions re-
ftraintes produiroient dans les campagnes une dépopulation proportionnée, & l'Empire ne cefferoit de s'
affoiblir.

Une loi de l'Empire que la politique
du gouvernement fait exécuter avec
une extrême exactitude, oblige tous
les Princes, les Seigneurs, les Officiers & les Magiftrats, de dépenfer tous
leurs revenus, par l'état de maifon
qu'ils doivent entretenir, par les vo-

ya-

yages qu'ils doivent faire à la Cour
tous les ans avec une grande suite
de domeſtiques & d'équipages ſuivant
leur rang, par des repas & des fêtes
dont les occaſions ſont fréquentes;
par la ſomptuoſité de leurs maiſons,
de leurs meubles & de leurs habits,
qui les diſtinguent du peuple. Ces
dépenſes ſont encore augmentées par
celles des ſpectacles, qui en beaucoup de choſes reſſemblent à ceux
d'Europe, mais qui ſont infiniment
plus diſpendieux par les habits, par
la nature, la beauté, la quantité &
la diverſité des décorations.

Ce luxe produit deux effets éga-
lément néceſſaires à la proſpérité du
Japon; il tient les Princes & les Seigneurs plus ſoumis au gouvernement;
& multipliant à l'infini par ſes dépenſes les moyens de ſubſiſtance pour
le peuple, il entretient la grande population des villes, qui par ſes conſommations enrichit celle des campagnes. C'eſt ainſi que par la conſommation toujours immenſe des fruits de l'induſtrie & de ceux de l'a-
griculture le luxe renouvelle & vivi-
fie ſans ceſſe la ſource de l'Impot
& de la puiſſance de l'État. C'eſt

 ainſi

ainſi que la vraïe richeſſe de l'Etat
s'établit, s'entretient & ſe perpetue.

Le luxe n'eſt ni plus grand, ni
ſi univerſellement étendu chez aucune nation de l'Aſie, & aucune nation d'Europe n'a des moeurs plus ſé-
véres & une police plus recherchée.
On obſerve au Japon la loi naturelle
reduite en préceptes poſitifs. Les Japonnois donnent des ſoins infinis à
l'éducation de leurs enfans des deux
ſexes, & c'eſt encore un grand objet
de dépenſe.   Ils ont un grand nombre d'Académies, & l'on compte dans
pluſieurs jusques à ouatre mille éle-
ves & plus.   On y donne également
aux filles une éducation publique
extrêmement recherchée, pour leur
former en méme temps le coeur & l'
eſprit.

Les Japonois aiment la verité &
veulent être inſtruits de leurs devoirs
& de leurs défauts.   C'eſt là encore un objet de dépenſe, dont on n'a
point d'exemple ailleurs. Koempher
aſſure que tous les Seigneurs entretiennent chez eux un homme de confiance, ſage & éclairé, dont l'unique
ſoin eſt de les avertir de leurs fautes.
On ne connoit point de nation qui
ait

ait porté si loin la recherche en morale.

On a comparé les Japonois aux Anglois, par cette fierté insulaire qui leur est commune, & par le suicide, qu'on dit aussi fréquent au Japon, qu'en Angleterre. Mais cette nation n'a jamais été subjuguée: fière, guerriére, intrépide, infiniment sensible au point d'honneur & méprisant la mort, elle seroit très capable de faire des conquêtes & d'étendre son Empire au dehors. Les Japonois meprisent les conquêtes, parce qu'ils croient qu'elles seroient très nuisibles à leur bonheur. Cette nation existe telle que nous la voions dans les Relations des voïageurs, possedant les arts de l'ésprit & de la main au même dégré depuis plus de deux mille ans; & le plus grand luxe n'y a produit d'autre éffet, que d'y accroitre & d'y entretenir la plus grande population, d'y rendre les moeurs plus douces, les hommes plus polis & plus sociables.

L' immense population de la Chine & de quelques autres contrées des Indes ne peut être attribuée qu'au même principe: les grandes consom-

 ma-

mations donnent également partout l'ame & la vie à l'agriculture, unique principe productif de la vraie richesse de l'Etat. Les Richesses & l'immense population du Japon & de la Chine n'ont point d'autre source.

Revenons en Europe, & supposons une Monarchie possedant une grande somme de numéraire, prodigieusement riche par le produit d'un grand commerce qui ne sera point celui des productions abondantes & diversifiées de son territoire, dont la culture sera nègligée ou abandonnée par l'excés des impots, ou par les dévastations de la guerre (*a*) ; Cette Monarchie ne possede qu'une fausse richesse, qu'une richesse précaire qui peut être facilement dissipée, puisqu'elle est dans la dépendance des autres nations. Une guerre la détruit. Les progrès du Commerce des autres nations la dètruisent aussi : & il est certain qu'en attendant même que ces causes déstructives aïent dissipé cette forte de Richesse, la Monarchie est foible ; parcequ'elle ne posséde qu'une richesse de convention,

au

(*a*) C'est dans cet état de dévastation où les guerres des Turcs avoient mis la Hongrie qui commence aujourd'hui à en sortir.

au lieu de la richeffe réelle qu'elle devroit avoir. Son numéraire eft concentré dans le petit nombre de villes qui font fon commerce; & fa population eft bornée aux habitans de ces villes & d'une petite étendue de campagnes voifines. Les autres villes font défertes, & encore plus les campagnes, dont la population peut feule conftituer l'opulence & les forces permanentes de la Monarchie. Ce Royaume dans lequel on fuppofe un numéraire immenfe concentré néceffairement, puisqu'il n'eft que le produit du Commerce, dans le petit nombre de villes qui le font, fera encore bien plus foible, s'il a des Colonies dans les deux Indes & une grande navigation, & s'il entretient une armée: car il faut que fon gouvernement acheve la deftruction entiére de la population de fes campagnes pour foutenir le fervice de Terre & de Mer, fervice, qui ne fert qu'à protéger la fource des tréfors de quelques villes, en dètruifant fans ceffe la fource unique de l'opulence & de la force de l'Etat. Pour acquérir de l'or & de l'argent, le Gouvernement de cette Monarchie a dètruit

 les

les hommes, & se trouve bientôt dans
l'impossibilité de défendre & de conserver ses trésors, ni même ses Eta-
blissemens dans les autres parties du
monde, si cette Monarchie est atta-
quée par un voisin qui n'a que des
bras & du fer. Ajoutez chez cette
nation une création de signes fictifs,
l'institution d'une banque emprun-
teuse, ferez vous autre chose par ce
secours artificiel, que de rendre son
dépérissement & sa chute plus rapides ? Une Monarchie gouvernée
ainsi, quelle que soit l'étendue & la
bonté de son territoire, se trouvera
bientôt dans le même état de foiblesse
& de pauvreté, qu'un Royaume, qui
auroit des mines d'or & d'argent, & où
l'on ne connoitroit d'autre culture,
que celle de ses mines. Au nom du
bon sens, ces deux sortes de Richef-
ses, qui ont une source différente,
mais qui se ressemblent par leur in-
stabilité & par leurs effets, font elles
la vraie Richesse de l'Etat ?

Si l'impot territorial est excessif,
s'il pompe sans cesse l'argent des
campagnes au point que les dépenses de l'Etat, celles de l'industrie
& les achats du commerce n'en ren-
voi-

voïent pas affez pour répondre aux
frais qu'exige une bonne culture,
l'impot détruit alors le germe de la
réproduction dans les mains des cultivateurs, il détruit le fonds principal & le plus effentiel de la population ; la puiffance de la Monarchie
acquiert tous les ans de nouveaux
degrés de foibleffe ; parceque l'excés
de l'impot direct ou indirect fur les
Terres ne ceffe de détruire la fource
de la vraïe richeffe de l'Etat.

 Pour mieux connoitre la vraïe
richeffe de l'Etat, & être plus fenfible à la profpérité qu'elle doit répandre fur tous les peuples d'une Monarchie, il ne faut que donner un
peu d'attention à l'état actuel du
Royaume de Hongrie, & fur l'état
d'opulence & de profpérité auquel
ce Royaume feroit élevé, fi l'on y
rétabliffoit l'agriculture & toute
l'étendue des reproductions annuelles, dont il eft fufceptible. L'abondance de plufieurs articles de productions de premiére & de feconde
néceffité, que ce Royaume pourroit
répandre en Europe, en rend le tableau très intéreffant pour les peu-

ples d'une grande Monarchie & pour le commerce de l'Europe.

La Hongrie pourroit fournir par les ports de Trieſte, de Fiume, de Boucari & de Seigna, une exportation pour pluſieurs milions de florins tous les ans, en ſalaiſons, ſupérieures à celles d'Irlande; en ſuif, en cuirs, en tabac, égal tout au moins à celui de la Virginie (*a*); en laine, chanvre cire &c. elle pourroit fournir ſeulement à la France des Salaiſons & du tabac, & l'un & l'autre article à meilleur marché que l'Angleterre ne ſauroit faire, pour plus de douze milions de livrés tournois; & prendre à peu près un tiers dans le commerce des bleds de l'Europe. Le commerce des bléds en Europe, qui eſt presque entiérement dans les mains des Hollandois, eſt d'environ dix milions de ſeptiers, meſure de France. La Hongrie pourroit en fournir environ trois milions à quatre florins, & à ce prix elle auroit l'avantage de la concurrence. D'ailleurs elle auroit

l'avan-

(*a*) L'Épreuve en a été faite avec ſuccès pendant trois années de ſuite, ſous les yeux & en partie par les ſoins de l'auteur.

l'avantage encore de prevenir les
Hollandois par la Meditérranée fur
l'approvifionnement de l'Italie, de la
France méridionale , d' une partie de
l' Efpagne & du Portugal. La grande diminution de l'agriculture en
France & en Angleterre, & les défordres de la Pologne font un vuide
dans le commerce des grains en Europe, que la Hongrie pourroit remplir.

L'agriculture de ce Royaume pour
roit être encore infiniment étendue &
animée par des manufactures de toiles
& d'étoffes de laine, dont il pourroit
faire un commerce très riche avec la
Pologne, l'Efpagne, l'Italie & l' e-
vant. Enfin la Hongrie pourroit être
le Perou de la Maifon d'Autriche.

L'étendue & l'excellence du territoire de la Hongrie peuvent aifément
produire cette abondance de richeffes
naturelles & d'induftrie, fi on lui ouvre
les Canaux du commerce: car les Hongrois toujours obligés pendant plufieurs fiécles de défendre leur patrie,
n'ont connu les autres nations, que les
armes á la main. Ils n'ont connu qu'
un commerce intérieur, & les productions de leur territoire deman-
doient un débouché audehors, pour

por-

porter les cultivateurs à une meilleure culture, & à ſe donner plus de
ſoins & de peines pour ſe procurer
l'abondance (*a*). Le défaut de débit
eſt l'une des premieres cauſes de la
négligence & de l'abandon de l'agriculture. Car c'eſt une vérité incon-
teſtable, qu'à meſure qu'on étend le
débouché & la conſommation des denrées d'un païs, on donne des accroiſſemens à ſon Induſtrie & à ſes productions, jusques à ce qu'il ſoit élevé au plus haut dégré de culture,
d'abondance & de population ; jusqu'a ce qu'on puiſſe le comparer au
japon ou à la Chine.

Si M. le Marquis de Turbilly (*b*)
a pu dire de la France, que ce Royaume, ſous l'un des plus heureux climats

---

(*a*) L'auteur après avoir obſervé la Hongrie
& les ports de mer dont ce Royaume eſt
à portée, a preſenté à ſa Maj. L'Imperatrice
Reine, un plan de navigation qui par le
Danube, par les rivieres qui s'y jettent des
deux cotés, par la Save qui ſe jette dans
le Danube & par la Culpa qui ſe jette dans
la ſave, met toute la Hongrie & la Tran-
ſilvanie a une demi journée des ports de
fiume & de Boucari. Il a joint a ce plan
celui de l'amélioration de l'agriculture :
& ſa Maj. en a ordonné l'exécution. On a
dejà commencé à travailler aux ouvrages
que demande cette navigation.

(b) Memoire ſur les defrichemens.

mats de l'univers, des plus tempérés
& des plus propres à différentes fortes de productions, a près da la moitié de son Terrein en friche, & l'autre moitié si mal cultivée en général, qu'elle rapporteroit au moins le
double, si elle etoit travaillée con-
venablement; que n'auroit-il pas dit
de l'abondance des productions de la
Hongrie, mise en bonne culture, s'il
avoit observé l'étendue de ce Royaume, l'excellence presque générale
de toutes ses terres, & l'immensité
de ses prairies? ce Seigneur, qui a donné l'exemple d'une Terre de six mille livres de rente portée à dix huit
mille par une bonne culture, auroit
vù dans une bonne agriculture les
productions les plus précieuses &
les plus riches, plus que quadru-
plées en Hongrie.   Comme les revenus de l'Etat suivent nécessairement la progression de la culture des
Terres, il s'ensuivroit parconséquent
d'une meilleure culture, un accroissement du double ou du quadruple dans
les revenus de l'Etat.

Pour mieux connoitre le prix de
la vraïe Richesse de l'Etat, jettés les
yeux sur le tableau que nous emprun-
tons.

tons ici du peintre de la nature (*a*).

„ Qu'elle eſt belle, cette nature cultivée! Que par les ſoins de l'homme elle eſt brillante & pompeuſement parée! il en fait lui même le principal ornement, il en eſt la production la plus noble; en ſe multipliant il en multiplie le germe le plus précieux, elle même auſſi ſemble ſe multiplier avec lui; il met au jour par ſon art tout ce qu' elle receloit dans ſon ſein; que de tréſors ignorés! que de Richeſſes nouvelles! Les fleurs, les fruits, les grains perfectionnés, multipliés à l'infini; les eſpéces utiles d'animaux tranſportées, propagées, augmentées ſans nombre, les eſpéces nuiſibles réduites, confinées, releguées. L'or, & le fer plus néceſſaire que l'or, tirés des entrailles de la Terre : les Torrens contenus, les fleuves dirigés, reſſerrés; la mer même ſoumiſe ..- la Terre acceſſible, rendue auſſi vi. vante que féconde; dans les valées de riantes prairies, dans le plaines de riches pâturages ou des moiſſons encore plus riches, les colines chargées de vignes & de fruits, leurs ſommets couronnés d'arbres utiles & de

jeu-

____

(a) M' de Buffon.

jeunes forêts ; les déferts devenus
des Cités habitées par un peuple immenfe ... des routes ouvertes & fré-
quentées, des communications établies
partout comme autant de Té-
moins de la force & de l'union de
la Société : mille autres monumens de
puiffance & de gloire démontrent affez que l'homme, maître du domaine
de la Terre en a changé, renouvellé la
furface entiere, & que de tous temps
il partage l'empire avec la nature „.

Mais fon partage & fa richeffe ne
sont pas indeftructibles.

„ Il ne regne que par droit de conquéte; il jouit plûtôt qu'il ne poffede, il
ne conferve que par des foins toujours
renouvellés; s' il ceffe, tout languit,
tout s'altére, tout change, tout ren-
tre fous la main de la nature : elle
reprend fes droits, efface les ouvrages de l'homme, couvre de pouf-
fiere & de mouffe fes plus faftu-
eux monumens, les détruit avec le
temps, & ne lui laiffe que le regret
d'avoir perdu par fa faute ce que fes
ancêtres avoient acquis par leurs
travaux. Ces temps où l'homme perd
fon domaine, ces fiécles de barbarie
pendant lesquels tout périt, font
tou-

toujours préparés par la guerre, & arrivent avec la diſette & la dépopulation. L'homme qui ne peut, que par le nombre, qui n'eſt fort que par la réunion , qui n'eſt heureux que par la paix, a la fureur de s' armer pour ſon malheur & de combatre pour ſa ruine : excité par l'inſatiable avidité, aveuglé par l'ambition encore plus inſatiable, il renonce aux ſentimens d' humanité, tourne toutes ſes forces contre lui même, cherche à s'entredétruire, ſe détruit en effet; & après ces jours de ſang & de carnage, lorsque la fumée de la Gloire s'eſt diſſippée, il voit d'un oeil triſte la Terre dévaſtée, les arts enſevelis, les nations diſperſées, les peuples affoiblis, ſon propre bonheur ruiné & ſa puiſſance réelle anéantie „ .

Telle eſt donc l'idée de la vraïe richeſſe de l'Etat. Elle conſiſte eſſentiellement dans l'abondance des productions annuelles & toujours renaiſſantes de ſon territoire, & n'a point d'autre ſource que l'agriculture. Si l'on veut donc procurer cette Richeſſe à l'Etat, la ſeule vraïe, la ſeule ſolide & permanente , on doit

s'ocs'occuper des moyens d'animer l'agriculture & d'étendre ses ressour-ces. C'est une vérité incontestable que la Terre prodigue des trésors désqu'elle est libre, remuée par des mains libres & cultivée par des hommes intelligens, que des Loix sages & invariables protégent; que la Terre n'est avare que pour les Tirans & les esclaves. La bonté & la douceur du Gouvernement doivent donc être le premier principe & la base d'un système qui éleve l'agriculture, & qui établit par l'agriculture les moiens de procurer la vraïe Richesse de l'Etat. Un Gouvernement doux & modéré est le premier agent, qui fait naitre l'agriculture, l'augmente, l'anime & la conserve; & un gouvernement foible, despote ou tyrannique, l'empêche de naitre, ou la détruit.

Chap. II.

DU GOUVERNEMENT EN GENERAL.

On a souvent proposé cette question. Quel est le meilleur des Gouvernemens, ou quelle est la meilleure forme de gouvernement?

M. de Montesquieu a dit que la perfection d'un gouvernement ne consiste pas à se rapporter à une des espéces de police qui se trouvent dans les livres des politiques; mais à répondre aux vues que tout législateur doit avoir, qui font la grandeur d'un peuple ou sa félicité, c'est à dire, que le meilleur gouvernement est celui qui tend à rendre le peuple plus heureux. Cette vérité ne peut être contestée; mais elle ne décide pas la question. On demande encore, quelle est la forme du gouvernement qui tend à rendre les peuples plus heureux?

La forme de gouvernement importe peut-être fort peu, aujourd'hui

sur-

fur-tout, au bonheur du peuple.
C'eft bien plutôt la douceur du gouvernement qui peut conftituer fon
bonheur, que la forme fous la quelle il eft gouverné; & la douceur du
gouvernement dépend bien plus des
moeurs & des progrès de nos connoiffances qui ont adouci nos moeurs
& qui les adouciffent tous les
jours, que de la forme de gouvernement.

On trouve dansl'Efprit des Loix
tous les principes qui peuvent conftituer le bonheur d'une nation, en
tant que fon bonheur dépend d'une
bonne Législation. L'auteur de cet
ouvrage immortel a dejà infiniment
augmenté les progrés de l'art de gouverner les nations.

(*a*) Il diftingue les trois fortes
principales de gouvernemens : le Républicain, le Monarchique & le Despotique. Dans le républicain le peuple en corps a la fouveraine puiffance. Dans le monarchique un feul
gouverne par des loix fondamenta-
les. Dans le despotique on ne connoit d'autre loi, que la volonté du

C 2   Maitre

(*a*) Analife de l'efprit des loix.

Maître, ou plutôt du Tyran. Cependant tous les Etats ou gouvernemens n'appartiennent pas rigoureusement à quelqu'une de ces trois formes. Ici la monarchie incline au déspotisme ; là le gouvernement est combiné avec le républicain. Ailleurs ce n'est pas le peuple entier, ce n'est qu'une partie du peuple qui fait des Loix.

Dans les divers Etats les Loix doivent être rélatives à leur nature, c'est à dire à ce qui les constitue, & à leur principe, c'est à dire à ce qui les soutient & les fait agir.

Les principales Loix rélatives à la nature de la Démocratie font que le peuple y soit à de certains égards le Monarque ; à d'autres le sujet ; qu'il élise & juge ses Magistrats & que les Magistrats en certaines occasions décident. La nature de la Monarchie demande qu'il y ait entre le Monarque & le peuple, beaucoup de pouvoirs & de rangs intermédiaires, & un corps dépositaire des Loix médiateur entre les sujets & le prince. La nature du despotisme exige que le Tyran exerce son autorité ou par lui seul, ou par un seul qui le représente.

Quant

Quant au principe des trois gouvernemens, celui de la Démocratie eſt l'amour de la République, c'eſt à dire l'égalité. Dans les Monarchies, où un ſeul eſt dispenſateur des distinctions & des récompenſes, où l'on s'accoutume à confondre l'Etat avec ce ſeul homme, le principe eſt l'honneur ; c'eſt à dire l'ambition & l'amour de l'eſtime. Sous le deſpotique enfin c'eſt la crainte. Plus ces principes ſont en vigueur, plus le gouvernement eſt ſtable : plus ils s'altèrent & ſe corrompent, plus il incline à ſa deſtruction.

Les Loix que le Legislateur donne, doivent être conformes au principe de chaque gouvernement : dans une République entretenir l'égalité & la frugalité : dans la Monarchie ſoutenir la nobleſſe ſans écraſer le peuple : ſous le gouvernement deſpotique tenir également tous les Etats dans le ſilence.

Sur la meilleure des différentes formes de gouvernement, autres que le deſpotique, ſur celle ſous laquelle le peuple peut être plus heureux, M. de Montesquieu ſemble avoir fixé en peu de mots l'opinion qu'on peut

en avoir. Ils ont, dit il, chacun leurs
avantages.   Le républicain eſt plus
propre aux petits Etats, le monarchique aux grands ; le républicain
plus ſujet aux excés ; le monarchique aux abus ; le républicain apporte plus de maturité dans l'exécution
des Loix ; le monarchique plus de
promptitude.

„ C'eſt, dit-on, une vérité bien
ſenſible que rien n'influe d'avantage
ſur le bonheur de la Société, que la
nature & les principes du gouvernement.   Il n'eſt donc pas indifférent
de quelle maniére on eſt gouverné.
Mais quelle eſt la forme de gouvernement à la quelle on doit s'atta-
cher ? peut-on parvenir à connoitre là
meilleure ? il faut avoir égard, ajou-
te-t-on, au Caractere des nations,
à qui la même forme de gouvernement ne ſauroit convenir.   Car il en
eſt qui ſont jalouſes à l'éxcès de leur
liberte &c. (*a*) „

M. de Montesquieu à examiné les
différentes formes de gouvernement
chez

---

chez toutes les nations du monde
connu. Le defpotifme lui a paru naturel en Afie & en Affrique. C'eft
dans ces deux parties du Monde, que
le climat peut influer infiniment fur
la forme du gouvernement. Les peuples de ces climats ne peuvent foutenir l'idée de Liberté; comme nous
ne pouvons foutenir celle de l'efclavage (*a*). Les nations Européennes ne
fauroient foutenir ni le defpotifme,
ni l'anarchie. Ce font là pour elles
deux fleaux qui ne fauroient y être
que momentanés. Elles veulent être
gouvernées par des Loix ; & il femble qu'il n'eft pas néceffaire d'avoir
égard à leur caractère pour décider
la forme de gouvernement qui leur
convient le mieux. L'Angleterre, de
toutes les nations d'Europe celle qui
eft la plus jaloufe de fa Liberté, eft
celle qui a été plufieurs fois foumife

C 4

au

____

(a) Un Vénitien nommé *Balbi* étant au Pegu
fut introduit chez le Roi. Quand celui-ci
apprit qu'il n'y avoit point de Roi à Venife, il fit un fi grand éclat de rire, qu'une
toux le prit, & qu'il eut beaucoup de
peine à parler à fes courtifans. Quel eft le
Legislateur, dit M. de Montesquieu, qui
pourroit propofer le gouvernement popu-
laire à des peuples pareils ?
L'efprit des Loix.

au pouvoir monarchique le plus abſolu ; & ſon gouvernemeht ſeroit peut-
être encore aujourd'hui purement monarchique, ſi les *Stuart* avoint eu
autant de génie, que d'ambition.

De ce que M. de Montesquieu a
dit que le principe du gouvernement
républicain eſt l'amour de la République, c'eſt à dire de l'égalité, &
que celui de la monarchie eſt l'honneur, c'eſt-à-dire l'ambition & l'-
amour de l'eſtime; il ne faut pas conclure qu'il ait voulu exclure de l'-
Etat républicain, l'honneur, l'ambition & l'amour de l'eſtime; ni de la
Monarchie l'amour de la patrie & de
l'égalité. Cette aſſertion n'eſt vraïe
que dans le ſyſtème politique, ou
dans la Théorie de l'inſtitution de ces
deux formes de gouvernement. Dans
la pratique les progrés de nos connoiſſances & de nos moeurs ont ap-
porté des modifications infinies à
cette aſſertion. On trouve aujourd'-
hui dans presque tous les Etats de
l'Europe l'amour de la patrie, de l'
égalité ; on a également dans les
Etats républicains l'honneur, l'ambition & l'amour de l'eſtime, partout
on trouve à peu près également l'a-
mour

mour de la liberté, fi l'on entend parla
liberté le droit de faire tout ce
que les Loix permettent : & cette
liberté légitime exifte également
dans tous les Etats monarchiques de
l'Europe, fi on en excepte les peuples efclaves de la *Glebe.* Les moeurs
font douces aujourd'hui chez toutes
les nations Européennes, & les nuan-
ces différentes qui les diftinguent encore, ne nous autorifent pas à croire
qu'une forme de gouvernement leur
convienne mieux qu'une autre.

Tenons-nous-en à l'opinion de M.
de Montesquieu fur la queftion, quel
eft celui de ces deux gouvernements,
du monarchique ou du républicain,
qui convient le mieux aux nations
d'Europe ? „ Ils ont chacun leurs
avantages; le républicain eft plus
propre aux petits Etats, le monarchique aux grands ; le républicain plus
fujet aux excès, le monarchique aux
abus ; le républicain apporte plus de
maturité dans l'exécution des Loix,
le monarchique plus de promptitude. „ Mais il n'en fera pas moins vrai
que plus nous étendrons nos connoiffances, plus nos moeurs feront douces, & plus l'art de gouverner fera
C 5   éga-

également des progrés & dans l'Etat monarchique & dans l'Etat republicain.

Nous rejetons de cet ouvrage toute idée de théorie qui ne préfente aucune inftruction utile à l'humanité, & nous nous fommes bien moins attachés à rappeller ces tableaux de calamités affligeantes qu'on trouve dans tant d'ouvrages modernes, qu'á la recherche des moyens d'en diminuer la fomme ou d'en prévenir de plus grandes. Ce n'eft pas par la defcription d'une maladie, qu'on releve ou qu'on foutient le courage d'un malade, mais par celle de l'art de guérir & en établiffant une confiance raifonnable dans les reffources de l'art. Le bon fens veut qu'en préfentant aux ames fenfibles les pleurs des malheureux, on leur indique les moyens d'effuyer leurs larmes.

On ne peut élever dans le gouvernement d'une nation, quelle qu'en foit la forme, de queftion plus délicate, & dont la difcuffion foit plus dangereufe pour le Souverain & pour la nation, que la queftion de favoir fi l'on peut mettre des bornes à l'autorité Souveraine. Dans la théorie,

on

on peut aifément en rémontant à l'o-
rigine des Sociétés, & peut-être même
encore en reduifant la Loi naturelle
en préceptes pofitifs, affigner des limites à l'autorité du Souverain. Nous
avons acquis de grandes lumiéres fur
cette mâtiére.   Mais on ne trouvera
jamais dans cette théorie, des moïens
efficaces de prévenir les calamités
que l'enfance ou la foibleffe d'un Souverain, l'opiniatreté, l'ambition ou
l'incapacité d'un Miniftre, la licence
du peuple & la chaleur peu refflé-
chie d'un corps intermédiaire ou ré-
prefentant, peuvent répandre fur une
nation.   Il eft heureux, que dans cette fituation la douceur des moeurs
ne permette pas de déchirer le voile,
qui couvre aux yeux des peuples les
droits refpectifs des peuples & des
Souverains.   Ce feroit peut-être le
plus grand malheur, qui pût arriver
à l'humanité, fi les peuples parvenoi-
ent à connoitre leurs droits & leurs
forces, & à vouloir faire valoir leurs
droits. Dans ce cas là même les peuples feroient forcés par les calamités
de l'anarchie de revenir au réta-
bliffement de l'autorité fouveraine.

Le

Le droit des peuples & celui des Souverains ne s'accordent jamais ſi bien
enſemble, que dans le ſilence.

Les hommes ont beſoin d'être
gouvernés. C'eſt une vérité incontestable: & l'un des plus grands ſervices que les ſages, que les philoſophes puiſſent leur rendre, eſt d'éclai-
rer les hommes ſur l'art de gouverner les hommes.

Les hommes de toutes les nations,
de toutes les langues, d'un pole a
l'autre, entendent la loi naturelle;
elle eſt gravée dans leur ame de la
main même du Créateur. Cependant
fort peu d'hommes ſont en état de
l'obſerver exactement dans tous les
détails qu'exigent les différentes rélations de l'homme en Société. Rédui-
ſez cette loi en préceptes poſitifs,
vous le pouvez, & vous pourrez dans
la théorie réduire le gouvernement
de toute Société à l'obſervation de
cette loi, qui lui tiendra lieu de Souverain. Ce ne ſeront plus alors des hommes qui gouverneront les hommes : ils
ſeront gouvernés par la loi naturelle.
Mais ſi vous étes parvenu à former
une table exacte des préceptes de la loi
naturelle qui préſcrive à l'homme en
ſo-

fociété tous fes devoirs, pouvez vous
parvenir à inftruire tous les indivi-
dus qui font en fociété, de tous les
préceptes de la loi dans tous les détails que leurs rélations l'exigent? &
s'il vous étoit poffible de porter jusques - là l'inftruction, vous feroit - il
poffible d'affurer dans tous fes détails
l'exécution de la loi, contre le torrent des paffions, dont les hommes
font fans ceffe agités? Il faut néceffairement revenir à l'autorité d'un
feul ou de plufieurs qui tiennent la
main à l'exécution de la loi. Les
liens de la fociété ne fauroient exifter
s'ils ne font pas fans ceffe entretenus
par la préfence d'une puiffance lé-
gislative & d'une puiffance exécutrice.

On peut également développer l'art
de gouverner fous les différentes formes de gouvernement & élever l'art à
ce point, de conftituer un Etat où l'on
évite avec prudence tout ce qui peut
nuire; où l'on exécute de même tout ce
qui eft utile; où ceux qui gouvernent
font juftes envers le peuple; où l'on
exécute avec fermeté les réfolutions
toujours dictées par la prudence; où
l'on ne défire que ce qui eft poffible;

&

& où enfin on s'abſtient de tout excés.

Il eſt facile, dira-t-on, de former ainſi dans la théorie l'image du
bonheur. Un Etat élevé à ce point,
eſt une chimère; ou, comme on a dit des
projets de l'abbé de *ſaint Pierre*, c'eſt
le réve d'un honnête homme.

Cette objection qui ſe préſente ſi facilement à l'eſprit, ne doit pas dé-
courager un obſervateur qui ſe plait
dans la recherche des moïens de diminuer la ſomme des calamités, qui
affligent l'humanité. D'ailleurs, (a) Il
eſt bon de préſenter quelquefois aux
hommes des chimères de bonheur.

„ Vous diriez, dit M. de Montesquieu en parlant de l'Etat monarchique, qu'il en eſt comme du ſyſteme de l'univers, où il y a une force
qui éloigne ſans ceſſe du centre tous
les corps, & une force de peſanteur
qui les y ramene. L'honneur fait mou-
voir toutes les parties du corps politique; il les lie par ſon action, & il ſe
trouve que chacun va au bien, croïant
aller à ſes intérêts particuliers „.

Le même principe, l'honneur, a
aujourd'hui plus ou moins la même
action

____

(a) M. de Buffon.

action dans nos gouvernemens républicains & dans les gouvernemens
mixtes , que M. de Montesquieu
n'obferve que dans l'Etat monarchique; & c'eft l'effet naturel des progrés de nos connoiffances & de la
douceur de nos moeurs. Qu'on oublie dans ces gouvernemens l'honneur que M. de Montesquieu ne
préfente pour un principe du gouvernement que dans l'Etat monarchique; fuppofons ce principe igno-
ré ou fans action dans les gouvernemens républicains & mixtes , il eft
certain que ces gonvernemens auroient bientôt perdu leurs avantages
les plus intéreffans & les plus précieux. Toute leur force feroit bientôt concentrée dans des intérêts perfonnels, qui en feroient changer la
forme; qui les conduiroient à l'anarchie, ou audefpotifme. Heureux,s'ils fe
fixoient au gouvernement monarchi
que!

Confidérons donc l'honneur comme l'ame de nos différentes formes
de gouvernement, & plus ce principe qui eft le fruit de nos connoiffances & de la douceur de nos moeurs,
fera fortifié par leurs progrés, plus

l'art

l'art de gouverner trouvera de facilité à développer toutes ſes reſſources.

N'en eſt-il pas des hommes comme des autres productions de la nature? L'art les corrige, ou les améliore toutes. Les hommes ne naiſſent point avec un poignard à la main. La nature ne leur donne que des moeurs & de l'induſtrie pour leur défenſe & leur conſervation. L'art a élevé leur induſtrie à un très-haut dégré de perfection. Leurs moeurs ſemblent avoir fait de bien moindres progrés. Mais qui oſeroit penſer que l'art ne peut pas leur en faire faire de plus grands? & ſi nos moeurs peuvent faire encore de grands progrés, il eſt certain que l'art de gouverner en fera en proportion. S'il n'eſt pas poſſible d'atteindre à cette image riante d'un gouvernement parfait, qui, dit-on, n'eſt qu'une chimére que la théorie produit facilement, on peut en approcher infiniment dans la pratique par l'accroiſſement de nos connoiſſances & de la douceur de nos moeurs, & diminuer ainſi la ſomme des malheurs de l'humanité. C'eſt pour s'épargner des re-

pro-

proches, qu'on en fait tant à la nature. Le plus souvent on la calomnie
pour se justifier soi - même. La nature n'a point tous les vices & tous
les travers qu'on lui attribue, & la
plûpart de ceux qu'on reproche aux
hommes , ne font que l'effet d'un
nombre infini de mauvaises institutions, de leur ignorance ou de leurs
préjugés.

Les progrés de l'esprit humain
ont déjà détruit ou infiniment affoibli la plûpart des causes du mal moral. Le siécle s'est éclairé, la raison
s'est épurée. On courroit autre fois
après l'esprit, souvent aux dépens
du jugement ; on recherchoit dans les
ouvrages du génie les pointes, les bons
mots, des Saillies, des pensées brillan-
tes, les graces du style. Tels étoient les
ouvrages qu'on chérissoit autrefois. Il
semble que l'esprit humain est sorti d'u-
ne espéce d'adolescence. Les ouvrages
où l'on inspire aux hommes l'amour
du bien public, la bienfaisance, la
bienveillance générale, ou qui ont
pour objet les arts, les connoissances
utiles, en un mot le bien public, font
presque les seuls qui soient lus aujourd'hui. Ce philosophe, voltaire,

cet

cet homme illuftre par tant d'ouvrages qui ont éclairé & honnoré fon
fiécle, doit principalement fes fuccés
aux fentiments d'humanité qu'il a
répandus dans fes poëmes & dans
tout ce qui eft forti de fes mains, &
au pouvoir que les fentimens d'humanité ont fur nos coeurs.

Cette heureufe revolution que les
lettres viennent de produire, nous
autorife à croire qu'à mefure que
nos connoiffances & la douceur de
nos moeurs qui en font la fuite, feront de plus grands progrés, & elles
doivent en faire, les amis de l'humanité fe mutiplieront. On verra diminuer le nombre des grands, qui ne
font qu'un fardeau pour le peuple,
& cette foule d'êtres inutiles, qui fe
meuvent dans la fociété fans objet, &
qui l'embarraffent fans la fervir. Un
plus grand nombre d'hommes aifés
& en crédit, verront le bien, l'aime-
ront & le voudront. Ils fauront fur-
monter les obftacles qui s'élevent à
chaque pas. On trouvera d'ailleurs
plus rarement des hommes puiffans
intéreffes au mal. On aura moins
fouvent à perfuader, à fléchir un
homme abfolu, jaloux de fon pouvoir,

voir, livré à des préjugés, entier dans ses opinions, ou dominé par les conseils de ses subalternes. On ne répondra plus sur un bon projet, ou sur un plan d'administration dicté par le bon sens & l'amour de l'intérêt public; les nouveautés sont dangereuses, loissez aller les choses comme elles sont: & la volonté des gens de bien ne restera plus infructueuse. La vertu, la vertu même sans éclat, sera la ré-recompense chérie d'un grand nombre d'hommes, qui se dévouent pour le bien public à un état qui exige des mœurs austeres, une application sans relâche, & beaucoup de travail sans salaire.

Occupons-nous donc de la recherche de vérités independantes de la forme du gouvernement, & à développer des principes sur l'art de gouverner les nations, qui suivis dans la pratique de cet art, seroient le premier fondement de leur bonheur, sous quelque forme qu'elles soient gouvernées.

Qui est ce qui possede l'art sublime de gouverner les nations? il nous reste de grands progrés à faire sur la science la plus utile & la plus né-

cesceffaire à l'humanité. Un homme éclairé & vraiment animé par l'Efprit public & par l'amour de l'humanité, peut fur de bons principes, former dans la plûpart des grandes monar-chies, un plan d'amélioration vafte, quoique fimple, infiniment intéreffant pour le Souverain & pour les peuples. Mais ce n'eft pas affez, que fon plan foit d'une exécution facile, & qu'il préfente en même temps le tableau d'une grande profpérité, pour être admis. Nous ne fommes pas affez avancés dans l'art du gouvernement, pour qu'il fuffife de préfenter le bien à faire; il faut encore que cet hom-me ait le courage de lutter contre les obftacles que les intéréts perfonnels ou l'ignorance & l'envie oppofent aux grandes vûes, & qu'il fache les fur-monter, il faut qu'il fache encore fe mettre au deffus de la tyrannie des préjugés.

Quoique nous aïons dejà immen-fément de volumes fur le gouverne-ment, & fur toutes les branches de l'adminiftration; on peut fans s'arrê-ter à la forme de gouvernement, ajou-ter encore à la fomme de connoiffan-ces aquifes, pour perfectionner l'art

de

de gouverner, cette politique, qui a pour objet le bonheur des hommes, ſcience moderne, qui conſiſte dans la connoiſſance des moïens de le procurer, & dont la perfection ſemble avoir été reſervée pour couronner les derniers progrés de l'eſprit humain.

On entend parler ſans ceſſe de la ſageſſe des Loix d'Athénes, de Lacédémone, & ſourtout de la ſageſſe de l'ancienne Rome. On nous accoutume dès l'enfance à regarder avec reſpect dans l'hiſtoire du monde connu tout ce qui tient au gouvernement de ces anciennes Républiques, & à croire que le gouvernement républicain eſt le plus conforme à la dignité, à la liberté de l'homme, & le plus propre à conſtituer ſon bonheur. Les images d'actions héroiques, de grandes vertus, dont on trouve cependant une infinité d'exemples dans les monarchies; & une eſpéce d'enthuſiaſme naturel pour la liberté, nous ſéduiſent au point de nous perſuader, qu'il ne peut y avoir de grands hommes, que dans les Etats républicains, & que le gouvernement républicain eſt la forme la plus heureuſe,

 Laiſ

Laiſſons les préjugés, & jettons
un coup d'œil rapide ſur Rome ſeulement, la plus grande , la plus puiſſante des Républiques anciennes &
modernes. Elle eſt auſſi la plus cele-
bre par les exemples de vertus & d'a-
ctions heroiques, & par les grands crimes. Les conquêtes immenſes que
fit cette République, ne préſentent
qu'une proſpérité extérieure, qui étoit
l'effet d'un déſordre domeſtique & de
mille calamités intérieures. Des fac-
tions continuelles agitoient le peuple:
& le Senat ne trouvant pas de meilleur moyen pour s'en délivrer, que
d'envoyer les citoyens audehors,
ſuſcitoit ces guerres perpétuelles qui
reculerent ſi loin les limites de l'Empire aux dépens du peuple. Car ce
fut cet expédient qui produiſit les
Sylla, les Marius, les Pompée , les
Craſſus , tyrans de leur patrie, & enfin Céſar , tyran plus habile, qui lui
impoſa des fers & l'enchaina pour
toujours. Rome depuis ſon berceau
paſſa perpétuellement de l'anarchie au
deſpotiſme, du deſpotiſme à l'anarchie , & finit par l'eſclavage. Le
peuple romain fut-il donc jamais un
peuple vraiement libre & un peuple
heu-

heureux? s'il fut libre, il ne le fut que des momens, & paya toujours chérement ces momens de liberté.

Les beaux jours d'Athénes, de Lacédémone & des autres Républiques de la Gréee, ne durerent qu'un inftant. Ces Républiques furent agitées de même par des diffentions domeftiques. Trouve-t-on les peuples plus libres, ni plus heureux dans les Républiques modernes, qui ont figuré en Europe parmi les grandes puiffances avec le plus d'éclat?

Génes s'éleve à un très-haut degré de puiffance & de fplendeur. Elle eft un moment la premiere puiffance maritime de l'Europe: elle difpute à Venife l'empire de la méditerranée, que les Venitiens font forcés de lui ceder pour quelque tems. Elle poffede des Iles dans l'archipel, Caffa place encore aujourd'hui des plus importantes fur la mer noire, l'Isle de Sardaigne, la plus grande partie de celle de Corfe. Ses conquêtes s'étendent à fon gré. Mais pendant qu'elle montre cette grande profpérité au dehors, elle eft au dedans la nation la plus malheureufe. La nobleffe eft armée contre le peuple

D 4 qu'el-

qu'elle opprime, & le peuple est armé contre les nobles qu'il égorge.
Des familles puissantes partagent la
nation, & épuisent le sang des citoyens pour leurs querelles particulieres. L'histoire de cette République
n'est qu'une suite perpétuelle d'agita-
tions ou de guerres intestines, qui
détruisent la puissance au dehors : &
ce peuple tantôt libre, tantôt escla-
ve, mais toujours malheureux, est
enfin reduit à porter des chaines que
les nobles lui imposent.

Venise qui s'est vue au moment
de recevoir la loi que Génes voudra lui dicter, s'éleve bientôt au des-
sus de sa rivale. Elle fait des conquêtes bien plus étendues, & plus
importantes, que celles de Génes.
Elle s'empare de l'empire de la méditerranée & de son commerce, & se
met au rang des premieres puissances
de l'Europe. Aucune République depuis la Chûte de celle de Rome, n'a-
voit montré audehors une si grande
prospérité. Quel est cependant le
sort de ce peuple libre, qui paroit
si riche & si puissant? Il voit un petit nombre de nobles s'arroger la plus
absolue souveraineté qu'ils rendent
hé-

héréditaire, & l'établiſſement du *Con-*
ſeil des dix, tribunal terrible, qui
fait trembler l'innocence même, eſpéce
de deſpotiſme dont l'inſtitution eſt
ſans exemple. C'eſt ce qui fixe la
forme du Gouvernement des Venitiens,
& qui acheve de détruire toute idée
de liberté chez le peuple. L'Exiſtence de ce conſeil des dix, ſans abus
d'autorité, ſans excés tyrannique, eſt
un prodige qui n'eſt dû qu'à la douceur des moeurs.

L'Anglois lutte ſans ceſſe contre
les efforts de la Monarchie pour
ſoutenir une idée de liberté, qu'il eſt
impoſſible de concilier avec l'excés des
impots dont il eſt opprimé ; & le
Hallandois, courbé auſſi ſous le poids
des impots, après avoir long tems com-
battu pour ſa liberté & repouſſé l'introduction de l'oligarchie, ſoutient
aujord'hui une marche tranquille vers
la Monarchie abſolue.

N'eſt-ce donc pas évidemment à
l'accroiſſement de nos connoiſſances
& à la douceur de nos moeurs, qu'il
faut attribuer la bonté & la douceur
du gouvernement actuel chez ces ré-
républicains, & la portion de bonheur

 dont

dont les peuples jouiffent, & non à la forme légale de leur gouvernement ?

(*a*) Notre hiftoire moderne ne nous préfente d'abord dans nos monarchies qu'un tableau de fréquentes dévaftations , d'invafions & de conquê-

---

(*a*) Un Chef fous différens noms , préfide à plufieurs fouverains qui s'appellent fes vaffaux. Le chef eft obligé de vivrre de fes domaines, & n'a d'autorité que fur les ferfs qui y font compirs. Un vain hommage eft tout ce que lui rendent les Comtes & les Ducs. Ceux-ci font également abfolus dans leurs terres fur les fujets qui relevent immédiatement d'eux ; mais chacun de ces Ducs, de ces Comtes, a des vaffaux qui ne dépendent pas plus de lui que lui-même ne dépend du Chef général. Tout feigneur , tout gentil-homme eft maitre dans fon fief, & le peuple eft efclave. Ces petits tyrans élevent fur des montagnes, des chateaux qu'ils fortifient. Ils fe font une guerre continuelle & barbare; ils fe ravagent réciproquement leurs terres, & enlevent les beftiaux & les ferfs. Ils fe faififfent des gorges des montagnes & des paffages des rivieres ; ils exigent arbitrairement de tous les paffans , les droits dont il exifte encore des monumens finguliers. Libres d'impofer dans leurs domaines les loix que leur dicte le caprice ou la paffion, ils font naître ces coutumes odieufes que des fiécles plus éclairés & l'autorité des rois plus affermie dans la fuite, ont eu tant de difficulté à détruire. Il en eft quelques unes dont l'autenticité de l'hiftoire perfuade à-peine l'exiftence , & que la décence ne permet pas de transcrire.

quêtes, qui introduisent enfin un gouvernement qui multiplie les déspotes
à l'infini, le gouvernement féodal,
de tous les gouvernemens d'Europe
le plus oppresseur, le plus deſtructif,
le plus affligeant pour l'humanité,
eſpéce d'anarchie, dont les déſordres
ſont ſouvent pires, que ceux qui naiſſent de l'oppreſſion d'un deſpote
unique. Dans les Intérêts qui agi-
tent l'Europe ſous ce gouvernement
tyrannique, qui s'y eſt univerſellement établi, tous les peuples ne ſont
comptés que comme des Esclaves : les
deſpotes ne calculent leurs richeſſes,
que par le nombre d'hommes qu'ils
ſont gémir ſous le joug de la ſervitude (*a*) ; les guerres aux quelles on
force

---

crire. Les nobles ne voient dans leurs
vaſſaux que des êtres d'une nature inféri-
eure à eux, deſtinés à être les inſtrumens
ou les victimes de leurs paſſions. Le peuple courbé ſous le joug que lui impoſent
ſes cruels maîtres, perd le ſentiment des
douces vertus qu'inſpire une ſage liberté
& ne connoit plus que la férocité & la crainte, deux extremes toujours réunis dans
l'ame des eſclavés. *Tableau de l'hiſt. mod.*

(*a*) C'eſt encore l'Etat où ſont les cultivateurs
en Ruſſie & dans quelques autres Etats de
l'Europe, dans les quels on n'eſtime la valeur des terres que par le nombre des hommes qui les habitent, tous eſclaves de leurs
Seigneurs.

force continuellement ces hommes ainsi dégradés à servir, n'ont d'autre but en agravant le poids de leurs chaines, que l'agrandiffement de leurs tyrans.

Dans tous les Etats quelques miliers de Seigneurs font la nation, & quelle nation! & des milions d'hommes font comptés pour rien. Si l'on parcourt toutes les révolutions qui ont changé tant de fois la face de l'Europe, on n'en trouvera peut-être aucune qui ait été plus utile à la nature humaine, que celle qui a détruit le regne du gouvernement féodal, qui a brifé le joug du peuple & l'a arraché à la tyrannie des nobles.

Les Souverains parviennent enfin à détruire ce gouvernement, ou à en refferrer tellement les limites, qu'il n'en refte plus que quelques droits domaniaux ou honnorifiques qu'on affure par des loix ou par la coutume; enfortequ'il ne refte même dans une grande partie de l'Europe, qu'une ombre legère de cette Autorité presque fouveraine des Seigneurs fur les peuples, qui avoit fi fouvent ébranlé ou détruit celle des Monarques. Les progrés de la philofophie, des arts

et

& de toutes les connoiſſances , & des mœurs adoucies, ont également concouru à rendre ſtable chez toutes les nations Européennes une forme de gouvernement plus humain & plus conferme à la raiſon , & à en aſſurer la durée. Les ſeditions et les guerres inteſtines ont ceſſé de dévaſter nos Empires à meſure que cette autorité s'eſt affermie ; ſoit que le gouvernement ſe ſoit enfin fixé à la Monarchie abſolue , à l'Ariſtocratie, à la Démocratie, ſoit que les trois formes aient été réunies (*a*).

Nous n'avons pas l'idée d'un ſeul gouvernement , quelle qu'ait été ſa forme, ſous lequel les peuples n'aient pas gémi accablés du poids de toutes les calamités qui ont été les ſuites des paſſions de ceux qui gouvernoient, ou qui ſe livroient à l'ambition de gouverner. La jouiſſance de la liberté, même dans les Etats républicains, n'a été qu'un bonheur momentané , ſans ceſſe troublé ou détruit par l'ambition de quelques citoyens,

par

____

(*a*) Il faut excepter la Pologne que des circonſtances ſingulieres ont malheureuſement retenu ſous le gouvernement féodal.

par des diſſenſions domeſtiques , &
les peuples y ont enfin reçu des chaînes.

Les peuples ont beſoin d'étre gouvernés , & leur gouvernement , quelle
qu'en ait été la forme , a du leur im-
poſer des chaines. Si leurs chaines
ont été plus ou moins legéres , ç'a
été bien moins l'effet de la forme de
gouvernement dans chaque ſiècle ,
que l'effet des moeurs. Il s'eſt fait
une révolution dans les moeurs qui
en a cauſé une dans tous les gouvernemens. Les moeurs adoucies ont
rendu tous les gouvernemens plus
doux ; et cette révolution eſt le fruit
des arts agréables. Cette révolution
bien différente de celles , qui dans un
moment ont renverſé des thrones et
établi des dominations nouvelles , eſt
l'ouvrage de pluſieurs ſiècles. Sa
marche eſt lente & paiſible , & ſes
progrés , qui ſont dejâ ſi ſenſibles ,
n'ont point encore atteint leurs dernieres limites.

Il falloit qu'une nation féroce en-
treprît de s'emparer de l'Empire d'o-
rient , forçât les lettres & les beaux
arts de ſe réfugier en Italie , & qu'un
citoyen de Florence dont les richeſſes

ac-

acquifes par le commerce, égaloient celles des Rois de fon fiècle, leur affurât un afile dans fa patrie. L'immortel Cofme de Medicis et Julien fon petit fils jetterent les premiers fondemens de cette révolution. Nicolas V. Eugene IV, Sixte IV, les Papes les plus refpectables qui regnerent alors; Robert de Naples regardé comme le meilleur Monarque de fon tems; Alphonfe le *magnanime*, dont le Regne fut appellé l'âge d'or; charles V fi celébre par fa fageffe; tous les Souverains, qui fe diftinguerent dans ce fiècle, regardoient comme une partie effentielle de leur adminiftration, de favorifer le génie. Ils étoient perfuadés qu'augmenter les lumieres de leurs fujets, c'étoit travailler pour leur bonheur & affurer la tranquilité de leurs Thrones (*a*). Les belles lettres & tous les arts agréables firent des progrés rapides en Italie; & la protection des Souverains les répandit bientôt dans la plus belle partie de l'Europe. Les arts utiles eurent une marche plus lente : il femble

(*a*) Tableau de l'hift. moder. par. M. le CH. de Mehegan.

ble qu'ils attendoient que les belles
lettres leur prêtaffent leurs ornemens,
qu'elles en fiffent connoître le prix
& les fiffent aimer. En effet nous
avons éprouvé de nos jours, que les
arts qui ne font qu'utiles, avoient
befoin du fecours des belles lettres
pour être univerfellement recherchés.
Les arts agréables ont certainement
le mérite d'avoir infiniment étendu
l'Empire de la raifon.

Si l'Efprit philofophique qui n'a
ceffé de fe fortifier par les progrés
infinis de toutes nos connoiffances,
n'a pu détruire encore le germe des
guerres entre les differentes nations;
fi la guerre eft encore le feul Tribunal où fe décident les querelles des
Souverains, les guerres fe font infiniment moins aux dépens de l'humanité; & le germe de ces troubles
domeftiques, qui ont fi fouvent forcé,
furtout dans les deux derniers fiécles, les Souverains à faire la guerre
à leurs propres fujets, femble entiérement détruit. Nous ne voïons plus
une nation divifée, ou la moitié
d'une nation les armes à la main
pour égorger l'autre moitié; des Souverains fans pouvoir, un peuple fans
frein,

frein, un peuple dont le caprice choisit et dépose ses Maîtres, des grands qui se jouent de l'autorité & un clergé qui l'usurpe. Nos mœurs adoucies par les progrés de nos connoissances, ont dissipé ces images fréquentes des grands crimes, qui étoient ceux des Monarques, ou d'une nation entiere, et ont fait faire des progrés sensibles à l'art de gouverner. On peut par des Sophismes en confondant les tems & en généralisant les faits particuliers, prétendre montrer que les progrés des vices suivent les progrés des arts; mais si on porte sur la chaine des événemens une attention réfléchie qui en embrasse l'ensemble, on verra toujours l'ignorance marcher avec les crimes, & les vertus se multiplier avec les lumieres. Les connoissances rendent les hommes doux en reprimant les passions, en perfectionnant la raison & en détruisant les préjugés qui font ses grands ennemis.

Ce n'est donc point dans la forme du gouvernement, mais dans les progrés de nos connoissances, que nous devons trouver l'art de gouver-

ner

ner les nations : & les progrés de nos connoiſſances ſont peut-être aujour-d'hui aſſez grands pour nous faire reconnoitre, que c'eſt bien plûtot dans la Monarchie abſolue, que dans l'Etat mixte ou purement républicain, qu'on peut développer toutes les reſſources de l'art de gouverner. Toutes les branches de l'adminiſtration ſe tiennent, & ſont cependant néceſſai-rement confiées à différentes mains dans un grand détail, d'où il réſul-teroit des inconvéniens infinis, mille contradictions deſtructives, s'il n'y avoit pas dans le gouvernement un point de réunion qui concilie les di-vers intérêts, qui entretient l'harmo-nie, l'exactitude & la *régularité* de tous les mouvemens, et donne à l'en-ſemble toute l'activité que demande l'intérêt général. Ce point de réuni-on ſi néceſſaire dans l'art de gouver-ner, ne ſe trouve auſſi bien établi dans aucun gouvernement, ſoit mix-te, ſoit républicain, que dans l'Etat monarchique.

C'eſt-là que tous les détails de l'adminiſtration ſe réuniſſent le plus naturellement & ſans obſtacle; que le génie qui gouverne, concilie plus

fa-

faciliment les intérêts divers & les fait
concourir à l'avantage de l'Etat. Ici
le Trône eft toujours, acceffible à la
vérité, aux plaintes, aux demandes
de tous les fujets ; une main vraiement paternelle reçoit leurs mémoires.
L'amour de la juftice & de l'humanité n'admet point d'autre intérêt dans
les décifions & dans les actes de l'adminiftration, que l'intérêt des peuples. Cet intérêt eft toujours le même que celui du Souverain, et les
intérêts perfonnels qui entourent le
Trone, font ici dans le filence & le
refpect. Qui ne reconnoitroit pas ici
le Monarque, qui donne cet exemple
à l'Europe ?

L'hiftoire nous trompe rarement
fur les faits, qui caractérifent les Monarques : mais nous nous trompons
dans les jugemens que nous en portons, lorsque nous accordons les talents du gouvernement à des princes
qui n'ont eu que l'art de féduire, &
de fatisfaire une grande ambition aux
dépens de leurs peuples et de l'humanité.

Augufte exerça l'art de gouverner, lorsque devenu le maitre de fa
patrie, il lui rendit le calme & l'en-

 tre-

tretint pendant le tems de son regne.
Les Empereurs , Titus , Antonin ,
Adrien , Marc-Aurele , Probus , Julien &c., exercerent l'art de gouverner. Ferdinand , lorsqu'il eut réuni
son Royaume d'Arragon avec celui
de Castille par son mariage avec Isa-
belle , porta ses premiers regards sur
les principes des Orages , qui avoient
ébranlé le trone sous les regnes pré-
cédents , orages toujours prêts à renaitre. Il regarde comme son premier devoir , de rendre le calme à
l'Etat , il releve les tribunaux ; il rend
aux Loix la force qu'elles ont perdue.
Il gagne l'amour des peuples en les
protégeant contre la noblesse , à laquelle il ôte le droit de les opprimer.
Alors ce prince exerce véritablement
l'art de gouverner. Mais lorsqu'il
détruit le Royaume de Grenade ;
quand il fait la conquête des Royaumes de Naples & de Navarre , il dé-
veloppe toutes les ressources d'un
grand génie; il s'immortalise comme
Philippe , Roi de Macédoine; il em-
ploit l'art de satisfaire une grande
ambition , l'art d'acquérir de vastes
domaines , de s'élever & de s'agran-
dir; mais il n'exerce pas l'art de gou-

ver-

verner. Lorsque Louis XII. soupi-
roit, quand la nécessité le forçoit à
mettre des Impots; lorsqu'il aimoit
mieux perdre ses conquétes, que de
les conserver en foulant ses peuples;
lorsqu'il fit cette belle réponse à celui qui lui rapportoit que des comé-
diens avoient joué son avarice, &
que les Spectateurs en avoient ri:
j'aime mieux qu'ils rient de mon Eco-
nomie , que s'ils pleuroient de ma
prodigalité; lorsqu'il ne s'occupoit
que du plaisir le plus doux pour un
Souverain, celui de gagner le cœur
de ses sujets en faisant leur bonheur;
lorsqu' enfin il se rendit par ses vertus les délices de sa nation ; Louis
XII. exerçoit l'art de gouverner. On
voudroit pouvoir effacer de l'histoire
de ce prince l'ambition de conquérir
le Milanois & le Royaume de Naples, qui fit le malheur de son Regne.

Jamais ambition ne fut plus légitime que celle d'Henry IV. Le fana-
tisme , le plus cruel des Tyrans,
dévastoit son Royaume. Obligé de
combattre ce monstre, de monter les
armes à la main sur le trône, qui lui
appartenoit ; & comme il le dit lui-
meme ; aspirant aux glorieux titres

de libérateur & de reftaurateur de la
France, l'art de la guerre dut être
néceffairement pour lui le premier de
tous les arts. Mais devenu paifible
poffeffeur de fa couronne, quel prince! Il eft fublime dans l'art de gouverner fa nation. Le bonheur de
fon peuple occuppe fon ame toute
entiere, & devient déformais le premier & le principal objet de toutes
les reffoùrces de fon génie. Henry
à l'aide de fon miniftre Sully fait en
peu de tems de la France dévaftée
par quarante années de guerre civile,
le Royaume le plus floriffant de l'
Europe, & des François la nation la
plus heureufe. Qui fauroit bien développer & bien peindre tous les
traits de génie & la force d'ame que
ces deux grands hommes réunis pour
le bonheur de la France, emploïerent
à gouverner ce Royaume, formeroit
peut - être le vrai fyftême de l'art de
gouverner les nations. Il eft certain
qu'ils en pofféderent les grands principes, & qu'ils les mirent en pratique:
& notre fenfibilité à leur vraie gloire devroit ajouter beaucoup aujour-
d'hui aux progrés de cet art. Pourquoi la pratique qui a été le berceau

de

de tous les arts , ne feroit - elle pas
auffi le berceau de l'art de gouverner , & l'art de gouverner ne peut
il pas être perfectionné comme tous
les autres arts l'ont été & le font encore tous les jours , par les recher-
ches & les confeils d'une fage théorie (*a*) ?

E 4　　　De-

(*a*) Les impots que je leve , ne font point
pour enrichir mes Miniftres & mes favoris,
mais pour fupporter les charges de l'Etat.
Si mon domaine eût été fuffifant pour cela ,
je n'aurois voulu rien prendre dans la
bourfe de mes fujets ; mais puisque j'em-
ploye le mien tout le premier , il eft bien
jufte qu'ils y contribuent du leur... Je
défire avec paffion le foulagement de mon
peuple : jamais aucun de mes prédéceffeurs
n'a tant fouhaité & adreffé des prières à
Dieu , que moi pour bénir les années de
mon Regne. Les allarmes qu'on veut vous
donner que j'ai deffein de bâtir des cita-
delles dans vos villes , font fauffes & fé-
ditieufes ; je n'en défire point d'autres ,
que dans le cœur de mes fujets. Réponfe
d'Henry IV, aux Députés de Guienne. *Pe-
refix.*
Il avoit pour fes fujets la tendreffe d'une
mére & pour l'Etat l'attachement d'un
pére de famille. Cette difpofition le ra-
menoit toujours , & du fein même des
plaifirs , au projet de rendre fon peuple
heureux & fon Royaume floriffant . . . .
Il feroit difficile de nommer une branche
de l'adminiftration , & même une condi-
tion

Depuis le Regne de ce Roi immortel, la police qui maintient le bon ordre, le repos & la paix domeſtique, s'eſt infiniment perfeƈtionnée. Les progrés de nos connoiſſances, de plus grandes lumières qui ont eclairé l'Europe, ont fait connoître à nos Natiòns modernes le prix de l'obéiſſance. L'autorité n'a plus rien à faire pour elle - méme. Dans la plus belle partie de l'Europe les Souverains gouvernent des hommes libres, qui ſavent que les hommes ont beſoin d'être gouvernés, qui ſavent

---

tion ou une profeſſion ſur la quelle ſes reflexions ne ſe ſoient portées. Il vouloit, diſoit - il, que la gloire diſpoſât de ſes dernieres années, & le rendît enſemble agréables à Dieu & utiles aux hommes. *Mémoires* de Sully.

Si Henry IV n'avoit été que le plus brave prince de ſon tems, le plus clément, le plus droit, le plus honnête - homme, ſon Royaume étoit ruiné : il falloit un prince qui ſcût faire la guerre & la paix, connoître toutes les bleſſures de ſon Etat, & connoitre les remedes ; veiller ſur les grandes & petites choſes, tout reformer & tout faire ; c'eſt ce qu'on trouva dans Henri Il joignit l'adminiſtration de Charles le Sage à la valeur, à la franchiſe de François I. & à la bonté de Louis XII. *Eſſai* ſur l'hiſt. Univ. de *Voltaire.*

vent obeïr fans être Efclaves. Car les hommes ne font point Efclaves fous des Loix & fous un gouvernement qui affurent les propriétés des biens & des perfonnes. Si dans les Monarchies où les peuples jouiffent aujourd'hui de cette liberté, on donne encore quelquefois atteinte à l'une ou à l'autre de ces propriétés, ce n'eft ni la faute des Loix, ni celle des Souverains, qui tous défirent le bonheur de leurs peuples (*a*): mais c'eft la faute d'une adminiftration qui n'a pas fu calculer; ou qui a mal calculé les Intérêts du Souverain, ou ceux de la Nation, qui font exactement les mêmes, ou qui a mal calculé les fiens propres. Il eft bien trifte pour l'humanité, qu'une erreur de calcul qui eft presque fans inconvénient en Phyfique & en Mathématiques, foit en politique la fource d'une fomme immenfe de calamités.

E 5   Nous

(*a*) Il n'eft pas rare aujourd'hui de voir les premiers Souverains de l'Europe foumettre aux dépofitaires des loix la décifion d'affaires importantes, qu'ils pourroient terminer en leur faveur par un coup d'autorité.

Nous avons dans l'histoire des Exemples de ministres qui portoient le gouvernement au despotisme, pour être despotes eux-mêmes. Ces Ministres calculoient mal les intérêts de leurs Maîtres, ceux de leur Nation & le leur propre. Ils ne voyoient pas que le despotisme tend à la destruction de la Monarchie & du Monarque ; & qu'ils répandoient des chaînes & des calamités sur leur nation qu'eux-mêmes & leurs Enfans devoient partager un jour avec leurs concitoyens. Lorsque des administrateurs tournent leur administration à leur avantage personnel, il est certain qu'ils tombent dans une erreur de calcul à l'égard même de leur intérêt personnel, qui exige que leur administration soit irréprochable ; & si elle ne peut être sage & savante, qu'elle soit tout au moins désintéressée. Le mal que fait une mauvaise administration n'est donc que l'effet d'une erreur de calcul. Mais ce mal que les loix, la constitution du gouvernement, ou la douceur de nos mœurs condamnent, & que l'ame du Souverain désavoue, doit être regardé comme un orage, comme un fléau momentané, dont

les

les ravages feront reparés par une
adminiftration plus éclairée, éclairée
même par les fautes de l'adminiftration précédente C'eft la fuite naturelle de la conftitution de nos gouvernemens modernes, & bien plus
encore la conféquence néceffaire des
progrés de l'efprit humain , en particulier de l'art de gouverner les nations, qui confifte dans la connoif-
fance des moyens de rendre les peuples heureux. Il eft certain que l'art
du gouvernement a fait de nos jours
de grands progrés. Ils ne font pas
encore auffi fenfibles dans la pratique
qu'ils le font dans la théorie ; mais
il faut naturellement attendre des
progrés bien fenfibles dans la pratique, de la grande fomme de connoiffances & de lumieres, que les jeunes
gens apporteront un jour dans le ma-
niment des affaires publiques. C'eft
ce qui doit encourager un obferva-
teur attaché à la politique, comme
à celle des fciences qui tient de plus
prés au bonheur de l'humanité, à
publier fes vues, fes obfervations: c'eft
une femence qui germera peut - être un
jour heureufement. Notre fiècle,
dites - vous, eft le fiècle des projets.

Ce-

Celà nft vraï fans doute à beaucoup d'égards : mais qu'en conclués vous? le fiècle fuivant fera peut - ètre le fiècle de l'exécution, & notre fiècle aura rendu de grands fervices à la poftrèité en produifant des matérianx pour fervir unjour à former un bon Syftême de gouvernement.

§. 3.
Du Syfte-
me de la
Science
du gou-
verne-
ment.

La fcience du gouvernement demande un Syftéme; elle en eft fufceptible comme toutes les Sciences: & ce Syftéme demande, comme celui de tout autre Science, des matériaux, c'eft - à - dire des expériences & des obfervations. L'hiftoire ancienne & moderne nous prefente des expérienees infinies , & nous avons un grand nombre de volumes d'obfervations. Nous n'avons cependant point de Syftéme de la fcience du gouvernement qui en embrasse exactement toutes les parties qui doivent conftituer le bonheur d'une nation. Un bon Syftéme en philofophie fe propofe de rendre raifon des effets; en politique le Syftéme doit les préparer & les faire naître; & un bon Syftéme de la fcience du gouvernement eft peut - étre plus difficile à

for-

former, que ne l'étoient ceux de Copernic, de Ticho-Brahé, de Décartes & de Newton. Il eſt peut-être plus facile d'expliquer les cauſes des phénoménes de la nature, ſa marche, ſon ordre, en un mot ſon Syſtéme, que d'établir dans un plan d'adminiſtration les principes & les cauſes qui doivent produire infailliblement le bonheur d'une nation, & les moyens de leur donner toute l'activité néceſſaire. „L'art de procurer aux Sociétés la plus grande Somme de bonheur poſſible, eſt une branche de philoſophie des plus intéreſſantes; & peut-être dans toute l'Europe, elle eſt moins avancée que ne l'étoit la philoſophie à la naiſſance de Deſcartes (*a*),, Nous ne connoiſſons point de nation qui ſe ſoit élevée en conféquence d'un bon Syſtéme de gouvernement: l' agrandiſſement de quelques unes, leurs richeſſes & leur puiſſance n'ont été pour la plus grande partie, que le réſultat d'un concours de circonſtances qui ont produit des effets, & de

grands

(*a*) Eloge de *Deſcartes*. par M. Thomas.

grands effets, presque tous imprévus;
& fi quelquefois une puiffance a ob-
tenu des fuccès prévus & préparés
par un Syftéme particulier bien réfléchi & bien fuivi, ce n'a jamais été
l'effet de l'enfemble des principes
d'un Syftéme de l'art de gouverner
qui embraffe toutes les branches de
l'adminiftration, dont le réfultat unique & certain doit être de produire
le bonheur des peuples.

Nous ne voyons pas chez les anciennes nations un feul Syftéme de
gouvernement qui ait eu pour objet
unique le bonheur du peuple, ou
dans lequel on ait compris tous les éle-
mens qui doivent y entrer & concourir à le produire. Les fciences, les
arts & le commerce ont rendu quelquefois des gouvernemens plus doux,
plus modérés, & des peuples moins
malheureux; mais l'ambition de s'a-
grandir & de dominer fut toujours
le principal objet de ces gouvernemens, dont les peuples ont presque
toujours été les victimes. Des mœurs
atroces, la tyrannie, l'oppreffion,
qui ont été le berceau de toutes les
Républiques, ont donné lieu à cette
forme de gouvernement, qui n'affure

la

la liberté d'une nation que pour le
téms qu'elle refte pauvre , & ne lui
procure qu'un bonheur momentané.
Ces Républiques fe font formées fans
Syftême ; & ont du enfuite leur élé-
vation & leur agrandiffement à un concours de circonftances étrangeres à
leur conftitution , fans avoir formé ,
ni fuivi un Syftéme général d'un bon
gouvernement. Des projets de conquétes & de brigandage , de grands
crimes ont détruit des dominations anciennes , élevé de nouveaux empires,
fait fuccéder presque partout des despotes à d'autres defpotes & affligé
l'humanité de mille manieres. Des
mœurs adoucies par les progrés des
lettres , des fciences , des arts , de
l'induftrie & du commerce , ont rendu des gouvermens plus moderés : mais
nous cherchons envain des peuples
vraiement heureux dans ces gouvernemens : un Syftême à fuivre qui
conftitue leur bonheur eft, encore à
former. La plûpart même de nos
meilleures inftitutions , de nos établiffemens & de nos conquétes , ne
font point entrées dans le Syftéme
d'aucun gouvernement.

La

La découverte des côtes d'Afrique, & de la route aux Indes orientales par le cap de bonne espérance, ne fut point entreprise par le gouvernement de Portugal dans la vue de peupler l'Amérique d'Africains pour y culti-ver le sucre, le caffé, l'indigo, le coton, &c. de transporter à Lisbon-ne le commerce de l'Amérique alors encore inconnue, & tout celui des Indes orientales dont les Républiques d'Italie, & surtout Venise, étoient depuis des siécles en possession par la méditerranée. Les établissemens in-finis des Portuguais, & de grands établissemens aux côtes d'Afrique & dans les Indes, se formerent avec de petits moïens & une grande faci-lité par l'extrême foiblesse des Afri-cains & des Indiens, contre toute attente du gouvernement, qui n'ap-perçut qu'une très-foible partie de la source des richesses que les entreprises de ses navigateurs devoient procurer à leur patrie. Le gouvernement aperçut bien moins encore la grande revolution qui se formoit par ces en-treprises dans le commerce de l'Eu-rope, & qui devoit faire de si grands changemens à son état politique.

Les

Les chinois, les japonnois, les deux plus grandes, les deux plus puissantes nations des Indes & les mieux policées, reçurent les portuguais avec aménité, & l'ignorance & la foiblesse des antres nations indiennes donnerent une grande facilitè a leurs usurpations & à leurs brigandages. Les potuguais se feroient trouvés ainsi la plus riche & la plus puissante nation de l'Europe, sans avoir exécuté & suivi pié á-pié un Systéme d'élevation, si les vices & l'incapacité de quelques commendans, l'ivresse des succés, l'abus des richesses & de la puissance n'avoient pas détruit l'édifice à mesure que leur avidité trouvoit tant dé facilité à l'élever.

„ (*a*). Cette petite nation, dit - on, se trouvant tout à coup maitresse du commerce le plus riche & le plus étendu de la terre, ne fut bientôt composée que de marchands, de facteurs & de matelots que détruisoient de longues navigations. Elle perdit ainsi le fondement de toute puissancè

F ré-

(*a*) Histoire philosophique & politique des établissemens & du commerce des Européens dans les deux Indes.

réelle, l'agriculture, l'induſtrie na-
tionnale & la population. Il n'y eut
pas de proportion entre ſon commerce & les moyens de le continuer.

Elle fit plus mal encore: elle vou-
lut être conquérante, & ambraſſa une
étendue de terrein qu'aucune nation
de l'Europe ne pourroit conſerver
ſans s'affoiblir.

Ce petit païs médiocrement peu-
plé s'épuiſoit ſans ceſſe en Soldats,
en matelots & en colons.

Comme le gouvernement chan-
gea bientôt ſes projets de commerce en projets de conquête, la nation qui n'avoit jamais eu l'eſprit
de commerce, prit celui de brigandage.

Cefut alors qu'on vit en Portugal
à côté de la plus exceſſive richeſſe,
la plus exceſſive pauvreté. Il n'y
eut de riches que ceux qui avoient
poſſédé quelque emploi dans les Indes,
& le laboureur qui ne trouvoit pas de
bras pour l aider dans ſon travail,
les artiſans qui manquoient d'ouvriers abandonnant bientôt leurs métiers,
furent reduits à la plus extrême miſére „.

Ces

Ces obſervations prouvent que le gouvernement de Portugal avoit tout abandonné au concours des évene-mens & des circonſtances; qu'il n'a-voit aucun Syſtéme. S'il avoit eu un Syſtéme, le Portugal auroit vu, comme la Hollande, accroître ſans ceſſe ſa po-pulation, ſon agriculture & ſon indu-ſtrie en proportion de l'étendue de ſon commerce. Toutes ces cauſes deſtru-ctives, alleguées par l'autercité, auro-ient été prévenues, les brigandages au-roient été punis & tous les abus repri-més. Le commerce auroit attiré, com-me en Hollande, des matelots & desSol-dats de toute l'Europe; les plus gran-des conſommations auroient infini-ment animé l'agriculture & l'induſtrie; & les moïens de ſubſiſtance multi-pliés à l'infini chez cette nation, au-roient entretenu dans un état floriſſant la plus grande population poſſible. La nation hollandoiſe, tout auſſi pe-tite que celle du Portugal, dans un territoire plus borné & bien plus in-grat, s'eſt élevée par un commerce bien plus étendu dans les Indes, aux côtes d'Afrique & en Europe, & par une bien plus grande navigation, au rang des plus grandes puiſſances de

F 2　　　l'Eul'Europe, & s'y eſt ſoutenue, parceque après ſes premiers ſuccés, elle a formé & ſuivi un Syſtême pour en conferver les avantages & les accroître encore. La Hollande a mieux connu les principes politiques ſur le commerce, ſur la puiſſance réelle des Etats , ſur les avantages des conquêtes, ſur la manière d'etablir & de conferver les colonies, & ſur l'utilité qu'on peut en tirer. Le Portugal en ſuivant un pareil Syſtême ſur ſes établiſſemens & ſon commerce, auroit atteint au même dégré de puiſſance & l'auroit conſervé, comme la Hollande, juſques à ce que les progrés de l'induſtrie, du commerce & de la navigation des autres nations lui euſſent fait perdre naturellement par leur concurrence une partie de la ſource de ſes richeſſes & de ſa puiſſance, ainſique cela eſt arrivé à la Hollande.

La Hollande s'eſt élevée rapidement dans le court eſpace d'un Siécle à un dégré de puiſſance qui pendant quelque tems faiſoit pencher la balance de l'Europe à ſon gré. Ce n'eſt point dans un Syſtême de conquêtes & de proſpérité, qu'on trouve les principes

des

progrès de fon induftrie, de fon opu‑
lence & de fon élevation.

(*a*). Il faut voir les fept provinces
unies qui forment la République de
Hollande, avant leur confédération,
avantque ces provinces euffent récla‑
mé contre le defpotifme de Philippe
II, ou de fes miniftres, les droïts de
la liberté qu'ils s'étoient refervés par
leurs contracts refpectifs avec leurs
anciens Souverains, pour être éto_n‑
né du Spectacle, que préfente cette
République, foit qu'on la confidére
comme puiffance dans la balance po‑
litique de l'Europe, foit qu'on porte
fon attention fur l'étendue de fon
commerce. Pour connoître le prix
de l'induftrie humaine qui a fait de
plus grands progrés dans cette Ré‑
publique, qu'elle ait jamais fait chez
aucune nation du monde, il faut vo‑
ir le point d'où elle eft partie. Il
faut confidérer cette induftrie dans
fon berceau, jetter les yeux fur les
évenemens qui ont préparé fa naif‑
fance, qui ont fervi à l'étendre, à
la fortifier, à élever enfin rapidement

F 3 un

(*a*) Voiés nos obfervations dans *le commerce
de la Hollande*. Edit. de 1768.

un édifice dont le projet auroit été rejetté par la foible raiſon humaine , comme d'une exécution impraticable. Si qu'elque puiſſant génie avoit eu la force & la hardieſſe de le former.

Des ſept provinces qui compoſent la République , la plus conſidérable, celle qui fut bientôt & qui eſt encore le Siége principal de ſes richeſſes & de ſa puiſſance ; au tems de la revolution, n'étoit préſque qu'un marais , dont les habitans ne ſubſiſtoient que par le produit d'une pêche médiocre , d'un commerce d'économie extrémement borné , & de leurs pâturages noïés pendant une grande partie de l'année par les eaux de la mer & des rivières, contre les quelles ils ne pouvoient oppoſer que des digues foibles & ſouvent inutiles. L'indigence n'y permettoit pas au génie d'y déploier toutes les reſſources de l'art pour contenir la mer & les rivières par des digues ſuffiſantes, & pour reſſerrer dans l'intérieur les eaux dans des canaux & les élever même au deſſus du Terrein par des moulins & des écluſes, pour dérober même du Terrein à la mer , & ſe

don-

donner ainſi le double avantage du
deſſechement d'un Terrein immenſe &
de la navigation intérieure la plus
commode.

Les peuples des provinces de terre ſembloient être moins malheureux.
Ils ſubſiſtoient des fruits de terres la
plûpart aſſez ingrates, rendues fertiles à force de travail, qu'ils défen-
doient avec moins de peine contre
les inondations des rivières : il y avoit
cependant dans ces provinces comme
ailleurs, une grande quantité de moi-
nes qu'elles nouriſſoient, & qui les
dépeuploient, & l'on n'y connoiſſoit
point le prix que la grande conſommation & la liberté donnent aux
fruits du travail des cultivateurs.

La revolution commença dans les
plus grandes provinces de terre ferme des dix-ſept provinces des païs
bas, dans le Brabant, la Flandre &
le Hainaut. Il fallut que ces riches
provinces reſtaſſent ſujettes à l'Eſpagne, ſans quoi elles auroient été naturellement le ſiége des richeſſes &
de la puiſſance de la Republique ; &
que pour tirer les ſept provinces
unies de cet état de foibleſſe, le prince d'Orange, guillaume I, fut forcé

par la jaloufie & la méfintelligence des
Seigneurs flamans & brabançons, d'y
établir le Siége de la liberté. Ces fept
provinces ne contenoient pas alors un
milion d'habitans, & l'on en compte
plus de deux milions aujourd'hui.
Ce n'étoit pas affez qu'un prince tel
que Giullaume I. y jettât par l'union
les fondemens de la liberté. Il falloit
que bien d'autres évenemens concour-
ruffent encore pour doubler leur population, pour en former une puiffance capable de tenir tête à Philippe, au plus puiffant Monarque du
monde, & de protéger enfuite fes fuc-
ceffeurs. Il falloit pour élever ces
provinces à un tel degré de puiffance & montrer à l'Europe cette efpéçe
de prodige que la politique n'auroit
ofé prévoir, faire de ces peuples une
nation guerriere & commercante.
Les princes d'orange, Guillaume I,
Maurice & Frederic - Henri, les formerent à la guerre, & la néceffité les
rendit induftrieux & commerçans.
Sous ces grands maîtres ils devinrent
redoutables, furtout fur la mer qui
fut leur élément. La pêche qui re-
çut bientôt de l'ufage de la liberté,
de grands accroiffemens, fut en même

me tems leur premiere branche de commerce & le berceau naturel d'une grande marine.

Mais l'heroisme de ces trois prin‑ces, la guerre feule, la pêche & le befoin n'auroient pas fuffi pour élever ces fept provinces au degré de ri‑cheffe qu'elles devoient aquérir, fi un grand nombre d'evénemens n'avoient pas préparé de loin la naiffance; de cette induftrie qui devoit élever la na‑tion, & n'avoient pas enfuite favori‑fé fa marche & accelléré fes progrès.

C'eft à la découverte de la bouf‑fole que la Hallande doit les richef‑fes de fon commerce & de fa puiffan‑ce. Sans l'ufage de la bouffole qui conduifit à des découvertes qui à la naiffance de la République, avoient dejà changé la face de l'Europe, ces fept provinces n'auroient jamais at‑teint au rang des grandes puiffances maritimes, & cet Etat fans doute ref‑té libre, au lieu d'être une puiffan‑ce prépondérante de l'Europe, n'eut peut‑être Jamais attiré l'attention des grandes nations.

Vers la fin du quinzieme Siécle vafco de Gama & Alphonfe d'Albu‑querque doublant le cap de bonne

F 5

ef‑

espérence, avoient successivement par-
couru en conquérans & en négocians
les Indes orientales, y avoient formé
de grands établissemens & donné au
Portugal le riche commerce de cette
partie de l'Asie. Sur la fin du même
Siécle christophe Colomb, aussi à l'aide de la bboussole, avoit donné l'A-
mérique à l'Espagne, lorsque Guillaume I. prince d'Orange jettoit les
fondemens de la République des provinces unies qui devoit bientôt re-
cueillir une bonne partie des fruits
de tant de riches découvertes.

Philippe II. pendant qu'il étoit sur
le point de perdre lex dix-sept provinces des païs-bas, s'étoit emparé de la
couronne de Portugal; & tous les établissemens des portuguais aux côtes
d'Afrique, dans les Indes orientales
& dans le Brésil, l'une des plus riches contrées de l'Amérique, étoient
tombés sous sa domination. Les hollandois livrés d'abord au commerce
de cabotage, ne sortoient point des
mers d'Europe. Ils transportoient
les marchandises du midi au nord &
celles du nord au midi: toujours en
guerre avec l'Espagne, ils ne pouvoient faire qu'un commerce secret

avec

avec les espagnols. L'interdiction abfolue de ce commerce, les vexations
& le defpotifme inflexible du gouvernement efpagnol firent naître l'idée
d'aller fe pourvoir à la premiere main
des marchandifes des deux Indes. Ce
defpotifme étoit néceffaire pourfaire
naître chez les hollandois le courage d'aller à la Source des richeffes;
il étoit néceffaire encore que le Roi
d'efpagne fut en même tems roi
du Portugal, pourque les établiffemens des portuguais à la côte d'Afrique, dans les Indes orientales & en
Amérique, ne leur offriffent que des
conquêtes légitimes à faire fur l'ennemi. Il falloit enfin qu'il fe trouvât
dans le Sein de la République des
hommes qui euffent affez d'audace
pour aller naviger à fix mille lieues
dans des mers inconnues en conquérans & en négocians; pour aller s'emparer d'un grand nombre de forts
élevés & gardés par les vainqueurs
de plufieurs nations indiennes; pour
aller combattre, vaincre & faire le
commerce; & ces hommes fe trouverent parmi des négociens, dont les
premieres entreprifes furent des Suc-
cès d'éclat, & donnerent bientôt naif-

fansance aux deux premieres compagnies de commerce qui ont attiré l'attention de l'Europe ; la compagnie des Indes orientales & celle des Indes occidentales. Ces deux compagnies contribuerent encore infiment à l'acroissement de la marine & à donner à la République prèsque entièrement l'empire de la mer.

Un hollandois nommé *Houtman*, qui avoit fait quelques voyages aux Indes avec les portugais, forma une Société de quelques négocians à Amsterdam, qui lui confierent quatre vaisseaux pour les Indes orientales. Il n'en ramena que trois faute d'un nombre suffisant de matelots, & les retours furent assez heureux pour faire naître d'autres Sociétés. Ces entreprises étoient encore trop foibles pour former les établissemens dans les Indes orientalos que leur commerce exige, surtout pour faire le commerce d'Inde en Inde, qui est la base des grandes richesses du commerce des Indes en Europe. Des Sociétés separées ne pouvoient manquer d'ailleurs de se nuire infiniment par leur concurrence. Il falloit enfin resister aux armes des espagnols & des por-

portugais dans les mers d'Europe &
dans les Indes. Ces motifs engagerent ces Sociétés à réunir leurs forces : elles formerent une compagnie;
à la quelle les Etats généraux accor-
derent en 1602, le privilége exclufif
du commerce des Indes orientales.
Ce privilége par le quel le Souverain
donnoit à des citoyens les conquêtes
& le commerce qu'ils pourroient faire, fut ia feule dépenfe que le gouvernement fit dans des entreprifes qui
devoient enrichir la République.
Nous lirions avec étonnement dans
l'hiftoire romaine, des donnations faites par ia République ou le Senat à
quelques citoyens, de toutes les con-
quêttes qu'ils pourroient faire, de tous
les païs dont ils pourroient faire la
découverte à leurs frais. Peut-on
croire qu'un tel acte de Suveraineté
ait fait partie d'un Syftême de gouvernement comme un moïen d'enrichir l'Etat & de le rendre puiffant?

On ne fait encore fi on doit être
moins étonné de la hardieffe de cette
entreprife formée & foutenue par
quelques négocians, & de fes fuccès,
que de celle des portugais. Ceux-ci
n'eurent à combattre dans les Indes

pour

pour y faire des conquétes & s'y établir, fur mer que de jonques foibles
& mal armées, & à terre que des
hommes effeminés, des defpotes vo-
luptueux & des efclaves. Les hollandois trouverent en mer des vaiffeaux européens ennemis & bien armés,
des forts défendus par des troupes
aguerries, commandées par des officiers d'Europe. Il falloit livrer des
combats, faire des Siéges pour arracher le commerce des Indes orientales des mains des portugais, ou du-
moins pour le partager avec eux.

Cette compagnie s'empara fuccef-
fivement & en fort peu de tems de la
plus grande & de la plus riche partie
des établiffemens des portugais, &
établit l'un des plus puiffans empires
des Indes. La fondation rapide &
prodigieufe de cet empire ne fut cependant que l'ouvrage d'un petit
nombre de négocians qui furent réunir l'efprit de commerce à l'efprit de
conquéte, & qui avec des forces médiocres établirent une grande domination à l'extrêmité de l'Afie : & ces
grands fuccès qui enrichirent la Hollande, n'ont rien coûté à fon gou-
ver-

vernement, pas même la peine d'en avoir formé ou rectifié le projet.

(*a*) Les Anglois avoient à peine les yeux ouverts fur le commerce, qu'ils formerent des compagnies, ils ne l'envifagerent d'abord qu'avec un efprit de monopole; car le commerce exclufif eft toujours l'objet des compagnies. On y a vu plus de douze compagnies s'y former fucceffivement, qui embraffoient tout le commerce poffible. Cependant on concilia toujours à beaucoup d'égards la liberté du commerce avec ces fortes d'affociations qui femblent annoncer un monopole deftructif.

Le génie de la nation étoit naturellement porté à voir le commerce en grand, à le confidérer fans limites, à l'embraffer fur toute la furface du globe, & il ne lui falloit d'autre encouragement que la liberté pour l'engager fans le Secours du gouvernement, dans les entreprifes les plus difpendieufes & les plus hardies. Ce génie qui a de tous tems animé cette nation, malgré le luxe & la moleffe,

qu'on

____

(*a*) Voy. nos obfervations dans *la richeffe de l'Angleterre*, édit de Vienne.

qu'on lui reproche aujourd'hui , ne s'eft point encore démenti.

Les arts , l'induſtrie, le commerce & la navigation ont fuivi en Angleterre plus qu'ailleurs, les progrès de l'efprit humain. Il femble cependant que la nation attendoit pour dévenir commerçante , & étendre fa navigation & fon empire dans les trois autres parties du monde, l'exemple de la Hollande élevée par l'induſtrie, le commerce & la navigation au rang des premieres puiſſances de l'Europe; & le moment de profiter, comme les hollandois, des découverts des portugais & des efpagnols qui par hazard avoient profité les premiers des avantages de la bouſſole.

La compagnie des Indes fe forma 1599, comm elle de Hollande, par l'aſſociation de quelques négotians, qui ne reçurent, comme les negocians hollandois, d'autre fecours de la part du gouvernement, qu'un fimple privilége. Cette Compagnie fut long tems foible. Il falloit pour donner de la folidité à fon commerce, des établiſſemens dans les Indes, des comptoirs & des forts; elle s'occupa à s'en procurer par la voye paifible,

mais

mais lente, de la négociation. Elle
n'avoit pas l'avantage qu'eurent les
Hollandois, d'avoir des conquêtes légitimes à faire fur un ennemi dans
les fituations les plus heureufes pour
le commerce, & de pouvoir fe donner par la force des armes, des établiffemens tout formés. Il n'eft pas
douteux que les Anglois n'euffent fait
des progrès tout auffi rapides que les
Hollandois, s'il n'eut été queftion que
de combattre & de vaincre un ennemi. Cette compagnie parvint avec
un peu plus de lenteur à former des
établiffemens dans les Indes; elle les
a fortifiés & étendus; elle eft deve-
nue enfin une grande puiffance.

La compagnie Angloife fuit un
Syftême de Commerce & de conquêtes, qui depuis quelques années a eu
de grands fuccès. Elle a étendu prodigieufement fon commerce & fes forces. Elle a formé un empire territorial, & domine aujourd'hui dans les
Indes au point d'être en état d'y détruire tous les établiffemens des autres compagnies, & de s'en donner
le commerce exclufif. Mais à quels
risques une fi grande puiffance s'eft-
elle élevée & peut-elle fe foutenir?

Il eût peut-être été plus fage de borner ce fyftême au commerce feul, &
d'en détacher l'efprit de conquête qui
fera peut-être un jour la caufe de
l'entiere deftruction de ce brillant édifice.

(*a*) „ Malgré la fageffe des précautions que les Anglois ont prifes, ils
ne font pas, ils ne fauroient même etre
fans inquiétude. La puiffance Mogo-
le peut s'affermir & chercher à délivrer d'un joug étranger la plus riche
de fes provinces. Aideralikan qui a
apris de nous la guerre, qui a trente
bataillons bien difciplinés, vingt mille
bons chevaux, une artillerie fervie
par cinq cens Européens, de l'activité, de l'audace, une politique très
étendue , pourfuivra vraifemblablement fur le Gange un ennemi avec lequel il eft brouillé irréconciliable-
ment. On doit craindre que des nations barbares ne foient attirées de
nouveau dans ce doux climat. Les
Princes divifés mettront peut-être fin
à leurs difcordes & fe réuniront pour
leur liberté mutuelle. Il n'eft pas
im-

(*a*) Hift. phil. & polit. des établiff. & du
comm. des Europ. dans les deux Indes.

impoſſible que les Soldats indiens,
qui font actuellement la force du con-
quérant, tournent contre lui un jour
les armes dont il leur a enſeigné l'u-
ſage. Sa grandeur uniquement fondée ſur l'illuſion, peut s'écrouler ſans
qu'il ſoit chaſſé de ſa poſſeſſion. Perſonne n'ignore que les Marattes ſe
ſont fait des droits ſur le quart des
revenus du pays, & qu'ils ſe diſpo-
ſent à juſtifier par la force un droit
que les Anglois refuſent de reconnoître. Si on ne réuſſit à détourner par
la corruption ou par l'intrigue cet
orage, le Bengale ſera pillé, ravagé,
quelques meſures qu'on puiſſe prendre contre une cavalerie légére, dont
la célérité eſt au-deſſus de tout ce
qu'on peut dire. Les courſes de ces
brigands peuvent ſe répéter, & il y
aura alors néceſſairement moins de
tributs & plus de dépenſes „.

La compagnie & le gouvernement
s'occupent aujourd'hui en Europe à
former un Syſtéme d'adminiſtration
de ce nouvel empire, & ſuppoſé que
ce Syſtéme reſiſte aux efforts des
Puiſſances des Indes qui conſpirent
pour ſa deſtruction, reſiſtera-t-il longtems à la corruption des miniſtres

aux quels l'exécution de ce Syſtême doit être confiée ſur les lieux?

„ Dans l'éloignement de ſa patrie, on n'eſt plus retenu par la crainte de rougir aux yeux de ſes concitoyens. Dans un climat chaud où le corps perd de ſa vigueur, l'ame doit perdre de ſa force. Dans un païs où la nature & les uſages conduiſent à la molleſſe, on s'y laiſſe entrainer. Dans des contrées où l'on eſt venu pour s'enrichir, on oublie aiſément d'être juſte.

Le commun des négocians ne tardera pas à ſe corrompre ; les agens de la compagnie feront peut-être quelque tems leurs cenſeurs, & finiront par être leurs complices.

A cette époque qui n'eſt peut-être pas bien éloignée, les Jndiens s'appercevront qu'ils ont perdu à changer de Maitre. N'étant plus ſoutenus par ce fanatiſme qui rendoit leurs fers ſupportables, ils ſentiront tout le poids du joug qu'on leur aura impoſé. L'autorité étrangere dépouillée de ce preſtige impoſant qui ſemble ennoblir la Servitude, n'aura que ſes forces phyſiques pour les contenir. Elles feront inſuffiſantes contre le déf-

efespoir, contre les secours que des voisins inquiets, ambitieux, leur offriront sans cesse. Trois mille brigands plutôt perdus que dispersés dans un espace de sept ou huit cens lieues, feront aisément massacrés, & dans leurs tombeaux seront ensévelies ces agréables chimères qui causent aujourd'hui une ivresse si universelle. La compagnie Angloise se trouvera sans possessions, sans revenus, sans moeurs & sans commerce „.

Un autre événement peut aisément détourner la majeure partie des richesses de son commerce ; événement qui devroit être très - prochain, & qui ruineroit aussi les autres compagnies des Indes.

(*a*) L'Espagne est de toutes les puissances de l'Europe, celle qui peut faire le commerce des Indes orientales avec le plus d'avantage ; & cependant elle est jusqu'à présent celle qui a reçu le plus de préjudice de ce commerce, par la navigation d'Accapulco aux Philipines & des Philipines à Accapulco, qui depuis un tems in-

G 3

fini

____

(*) Voy. les intérets des nations développés relativement au commerce. Edit. de 1767.

fini a approvifionné tous les ans la nouvélle Efpagne par la mer du Sud, des marchandifes des Indes pour plufieurs milions, qui auroient du y être portées de Seville ou de Cadix; ce qui eft presque auffi nuifible à l'Efpagne qu'un commerce clandeftin.

Il y a long tems que ce commerce a attiré l'attention du gouvernement. Ce commerce eft par lui-même très-riche, mais on convient que jusqu'à préfent il n'a produit qu'une richeffe qui fe concentre dans les deux Indes, qui eft par conféquent étrangere à l'Efpagne. Il eft évidemment de l'intérét de l'Efpagne, de faire elle même directement le commerce des Indes orientales, au lieu de l'abandonner à fes colons de l'Amérique & des Philipines.

On a fouvent propofé en Efpagne de faire faire le commerce des Indes orientales par une Compagnie, on en avoit même accordé autre fois un octroy, refté fans exécution. Il a paru trop difficile de remédier aux inconvéniens que la fituation même de l'Efpagne fembloit faire naître. On a craint que les foies brutes & les étoffes de foie des Indes ne fiffent

éga-

également du tort aux foies du cru
d'Efpagne & à fes manufactures, &
que les ventes des retours des indes
orientales ne puffent fe faire avec avantage en Efpagne, parcequ'une partie
de ces retours eft compofée de marchandifes qui fe confomment dans le
Nord de l'Europe. Enfin on n'a point
penfé à réunir dans une même compagnie le commerce des deux Indes en
Europe par Accapulco & lesPhilipines.
Peut-être n'a-t-on pas été affez fenfible
aux avantages qui refulteroient de
cette nouvelle forme de commerce,
& à la néceffité même de l'établir;
peut-être s'eft-on trop arrêté à des
inconvéniens qu'il étoit facile de
prévenir.

La néceffité de détruire le commerce clandeftin des Anglois, engage-
ra fans doute le miniftère d'Efpagne
á revenir fur cet objet & à le foumettre à des reflexions nouvelles. Perfonne n'ignore que depuis le traité
de Paris, les Anglois ont plus que
doublé par leurs nouveaux établiffemens à la Floride & dans la peninfu-
le de Jucatan le commerce qu'ils fai-
foient par la Jamaïque & l'isle de la
providence , qu'ils ruinent le com-

 mer-

merce d'Espagne avec ses propres Colonies, & s'approprient incessamment tout le commerce des Indes occidentales. Toute la vigilance la plus active des Gardes -côtes ne sauroit empêcher les vaisseaux Anglois de naviger à leurs établissemens sur le continent du Mexique avec des cargaisons assorties : ils vont chez eux ; leur destination ne permet pas seulement une simple visite. Le Gouvernement ne peut détruire ce commerce illégitime , également ruineux pour le commerce & les Finances d'Espagne , que par le commerce même. Il faut en détruire les bénéfices pour l'Angletterre : en rendant cette branche de commerce stérile pour les Anglois, on les force par une voye paisible & naturelle de l'abandonner.

On en trouvera le moïen dans le commerce d'Accapulco avec les Philipines ; non en faisant approvisionner par Accapulco les Indes occidentales par les Indes orientales , comme on l'a quelquefois proposé : ce seroit vouloir supprimer un grand abus par un autre abus infiniment plus grand ; mais en donnanr le commerce des Indes orientales par Accapulco à une

Com-

Compagnie & en remplaçant une partie du produit des finances par un bénéfice de commerce qui dédommageroit amplement de la perte que pourroient faire les finances.

L'intérêt de cette affertion, fi importante pour l'Efpagne & même pour toutes les nations d'Europe qui par leur induftrie prennent une part légitime au commerce des Indes occidentales par Cadix, nous demande des preuves.

Une compagnie des Indes entretiendroit une navigation directe d'Europe à La Veracrux, & une autre d'Accapulco aux Philipines. Elle établiroit ainfi trois comptoirs , un aux Philipines , un à Accapulco & un troifième à La Veracrux. Les retours des Philipines traverferoient l'iftme par tranfit pour être chargés à La Veracrux pour l'Europe, fans qu'il pût fe faire aucun verfement des marchandifes des Indes dans le Mexique.

Les Philipines feroient bientôt le marché général & le plus riche marché des Indes orientales: La compagnie y feroit tous fes achats avec des avantages que les autres compagnies ne peuvent fe procurer; car les prix

 de

de ſes achats ne ſeroient point ſur-
chargés des frais immenſes de Gouver-
neurs , de Conſeils , d'entretien de
forts & de troupes. Les cargaiſons
d'Europe pour les Indes Occidentales
aſſorties & ſuffiſantes pour produire à
Accapulco l'argent néceſſaire aux
Philipines, donneroient un bénéfice de
60. à 80. p$\frac{g}{o}$. aumoins, bénéfice qu'aucune compagnie des Indes ne peut ſe
procurer ; car leur navigation d'Europe aux Indes ſe fait preſqu'entiérement
à faux fret. Si l'on ajoute ce bénéfice
à l'avantage que la Compagnie auroit
dans ſes achats aux Philipines , on
doit reconnoître une ſupériorité de
bénéfices au‑deſſus de 100. p$\frac{g}{o}$ de celui que peuvent faire les Compagnies
actuelles. Il faut ajouter encore à
de ſi grands avantages que cette Compagnie n'ayant point d'état civil, ni
d'état militaire à ſoutenir , n'ayant
à faire d'autres frais, que des frais de
commerce ordinaires, connus & faciles à calculer, n'éprouveroit aucun
des brigandages ruineux inévitables
pour les autres Compagnies.

Le Gouvernement ſupprimant tous
les droits impoſés ſur les marchandiſes importées d'Eſpagne dans les In-

des

des Occidentales, & laiffant en même tems au commerce national l'entiere liberté de l'importation, il eft inconteftable qu'il feroit impoffible aux Anglois de foutenir la concurrence du commerce d'Efpagne dans les Indes Occidentales, parcequ'ils ne fauroient alors y porter les mêmes marchandifes à un auffi bas prix, ou à un prix égal. Cette concurrence éloigneroit pour toujours le commerce clandeftin.

La perte que les finances feroient par la fuppreffion des droits fur cette importation, qui ne doit être calculée que fur l'état du produit actuel, reduit peut-être de moitié, furtout depuis le traité de Paris, feroit vraifemblablement remplacée par une partie proportionnée des bénéfices qu'un intérêt dans cette Compagnie pour le compte du Roi donneroit aux finances.

On peut juger des bénéfices immenfes que fairoit cette Compagnie, par le tableau de ceux de la Compagnie de Hollande. Ses envois annuels aux Indes montent de deux à trois milions, & fes retours de feize à dix-huit milions; ce qui conftitue un béné-

néfice de quatre à cinq cens pour
cent. cependant les repartitions les
plus fortes ne montent pas a quinze
cens mille florins (*a*). On conçoit
qu'il y a une somme énorme dans ce
bénéfice abforbée par les frais ou les
abus de l'adminiftration ; & l'on eft
d'ailleurs affuré que les retours feroient
encore plus riches, s'il étoit poffible
de reprimer les brigandages fecrets
des agens de la compagnie dans les
Indes. On peut donc voir dans les
bénéfices d'une Compagnie d'Efpagne,
des moyens fuffifans pour indemnifer
les finances de la perte qu'elles feroient
par la fuppreffion des droits fur l'importation aux Indes-Occidentales.
On doit voir d'ailleurs des avantages
infinis pour les finances dans la fuppreffion des frais des Gardes-côtes
qui deviendroient inutiles, dans le
commerce presque doublé & dans
une grande augmentation de confommations & de moïens de fubfiftance
en Europe.

Un particulier indigent & obfcur,
Chriftophe Colomb, animé par l'ex-
em-

(*a*) Voy. *le commerce de la Hollande.*

emple des Portugais, conçoit une
noble émulation qui lui infpire l'idée
d'une navigation infiniment plus har-
die, que celle qui a ouvert la route
aux Indes Orientales par le cap de
Bonne Efperance. Il forme un plan
qui doit le conduire à un nouveau
monde, ou aux Indes-Orientales par
une autre route plus facile. Gênes,
fa patrie, le rejette. Le Roi de France refufe de l'écouter. Celui d'Angleterre le chaffe. Le confeil du Roi
de Portugal veut profiter du projet
de l'étranger fans lui en donner l'honneur. Il follicite en Efpagne pendant huit ans Ferdinand & Ifabelle,
& en obtient enfin trois petits vaiffeaux qu'il arme aux frais d'un fimple particulier. C'eft avec ce foible
fecours, qu'il donne le nouveau monde à l'Efpagne. Colomb ne pouvoit
prévoir qu'une foible partie de ces
dècouvertes & de ces conquêtes immenfes, dont l'enfemble & les avantages n'entrerent jamais dans le Syftéme de Gouvernement d'aucune puiffance d'Europe.

Les empires des Européens dans
l'Amérique fe font enfuite élevés fans
Syftème, par des particuliers que l'am-
bi-

bition, l'avidité, la misère ou le libertinage, ont succeſſivement tranſportés dans ces vaſtes régions. Les Cortez, les Pizaro, avanturiers à peine connus dans leur patrie, donnerent de grands Royaumes à l'Eſpagne par des entrepriſes auxquelles le Gouvernement, bien loin d'en avoir conçu le Syſtéme, mit ſans ceſſe des obſtacles qui auroient du les faire échouer ou les rendre inutiles, & qui n'ont été ſoutenues que par l'avidité induſtrieuſe de quelques particuliers.

Une navigation incertaine d'Alvarés Cabral, donna le Bréſil au Portugal.

Des Avanturiers Anglois jetterent ſucceſſivement les fondemens des colonies de la Grande Bretagne. Nul Syſtéme de la part du gouvernement. Un Syſtéme raiſonné & réfléchi auroit rejetté les établiſſemens dans le Nord de l'Amérique : on auroit prévu l'élevation d'un Empire Européen dans cette partie du nouveau monde, qui s'empareroit un jour de tout le commerce de l'Amérique & en chaſſeroit les autres Européens. On auroit tout-au moins borné ces établiſ-

sefemens à la traite des pelleteries, à la pêche & à la culture du tabac.

Les établiffemens des François aux Antilles, furent formés par des pirates, ou *boucaniers,* qui en avoient d'abord fait des lieux de retraite, élevés & foutenus pendant long - tems par le commerce desHollandois avant que le Gouvernement conçut un Syftéme d'adminiftration de ces colonies. L'établiffement du Canada n'auroit jamais du être formé. La pêche & le commerce des pelleteries étoient le feul intérêt qui devoit porter la France à fortifier des établiffemens dans le nord de l'Amérique.

(*a*) Les mêmes caufes, les mêmes circonftances qui engagerent des négocians Hollandois à former des entreprifes aux Indes Orientales & donnerent naiffance à la compagnie des Indes Orientales, porterent d'autres negocians à en former fur les côtes d'Afrique & en Amérique. Des Sociétés de négocians donnerent de même naiffance à la compagnie des Indes Occidentales. La guerre avec les
Efpa-

(*a*) Voy. *le commerce de la Hollande.*

Eſpagnols & les Portugais fut preſ‑
que l'unique fonds dans lequel cette
Compagnie puiſa ſes richeſſes , qui
furent telles qu'on la crut pendant
quelque tems ſupérieure par ſon opu‑
lence & par ſes forces à la compa‑
gnïe des Indes Orientales. Dans un
très‑petit nombre d'années, c'eſt‑à‑
dire depuis 1623 jusques en 1636,
cette Compagnie dont l'octroi eſt de
1621 , avoit armé huit cens vaiſ‑
ſeaux, tant pour la guerre que pour
le commerce, dont la dépenſe mon‑
toit à quarante cinq millions de Flo‑
rins ; & en avoit enlevé aux Eſpa‑
gnols & aux Portugais cinq cens qua‑
rante cinq qu'on eſtima avec leurs
charges quatre‑vingt‑dix millions.
C'étoient là des ſervices bien impor‑
tans que de ſimples négocians ren‑
doient à la patrie, qui l'aidoient in‑
finiment à ſoutenir la guerre qu'elle
faiſoit pour aſſurer ſa liberté. Mais
il ne convient qu'aux nations bar‑
baresques, de regarder la guerre com‑
me une branche de commerce. La
source de tant de richeſſes devoit
tarir néceſſairement à la paix; ce qui
arriva en effet, & la Compagnie ne
ſe trouvant alors que vis à vis d'ob‑
jets

jets ſtériles, fut ruinée peu de tems aprés. Il ne lui reſta que des dettes au lieu de bénéfices ; pendant qu'à la même époque la compagnie des Indes Orientales étoit dans l'état le plus floriſſant. Ces deux compagnies devoient avoir naturellement l'une & l'autre des ſuccès ſi différens: la République auroit pu les prévoir, & on les auroit prevenus, ſi on avoit fait attention alors à la nature différente des diverſes branches de commerce que ces deux compagnies avoient pour objet.

La compagnie des Indes orientales alloit chercher à la ſource les précieuſes productions qu'on ne tiroit auparavant que de Liſbonne. Elle faiſoit un commerce immenſe dans les lieux mêmes où elle formoit en même tems des établiſſemens; elle trouvoit partout un riche commerce dejà établi, une grande abondance de productions naturelles & d'induſtrie également précieuſes pour l'Europe, de quoi charger tous les ans à très vil prix un grand nombre de vaiſſeaux, & mettoit par ſes retours toute l'Europe à contribution.

La compagnie des Indes Occidentales étoit bien éloignée d'avoir de

H

tels objets de commerce. La côte d'Afrique lui préſentoit beaucoup d'eſclaves fort peu recherchés alors. C'étoit une branche de commerce à former, qui ne pouvoit l'être que par les progrés des Colonies méridionales de l'Amérique, encore en petit nombre, presque toutes dans leur berceau. Ce commerce étoit borné à la traite des dents d'éléphant, des gommes & de la poudre d'or, articles riches, qu'on obtenoit pour des marchandiſes de peu de valeur, mais dont on ne trouvoit pas de quoi former des cargaiſons. Ces articles étoient ſi peu de choſe, que depuis qu'on a fait de l'achat & de la vente des malheureux habitans de la côte d'Afrique, une branche de commerce néceſſaire pour cultiver & obtenir les plus précieuſes denrées de l'Amérique, les négocians ne s'occupent principalement que de l'achat des Négres.

L'Amérique n'offroit encore à la compagnie que des terres à défricher, des hommes nuds & ſans induſtrie; aucunes productions naturelles. Il y avoit des mines d'or & de diamans dans le Bréſil, dont la compagnie

avoit

avoit fait la conquête fur les Portugais; mais au lieu que les Efpagnols avoient trouvé les mines d'or & d'argent ouvertes dans le Mexique & le Perou, où les habitans avoient l'art de les faire fervir à leur luxe, les habitans du Bréfil ignoroient également leurs tréfors & l'ufage qu'on en pouvoit faire.

Il falloit défricher, cultiver le Sucre, le Caffé, le Cacao, l'Indigo, &c., il falloit former des Colonies dans l'Amérique, y faire paffer des habitans & leur donner des Négres pour défricher & cultiver; Car dans ces climats les Européens n'ont point de bras, & jetter ainfi les fondemens d'un grand commerce en Amérique; avantque de fe propofer d'en faire des retours. La Compagnie ne fit que de foibles effors fur ce qui devoit être fon principal objet. On fut ébloui des prifes immenfes que firent fes vaiffeaux fur les Efpagnols qui apportoient en Europe l'or & l'argent du Mexique & du Perou, qu'on eut l'imprudence de repartir aux actionnaires, au lieu de les emploïer aux dépenfes qu'exigeoient des Colonies dans le Bréfil.

H 2

Si

Si la Compagnie eut pris ce parti, elle auroit confervé le Bréfil qui entre les mains actives & induftrieufes des Hollandois, feroit aujourd'hui la plus importante & la plus riche des Colonies de l'Amérique, & auroit peut-être élevé la puiffance de la Hollande au - deffus de celle de l'Angleterre. On peut en juger par la valeur que les Hollandois ont donnée dans la fuite à d'autres terres de l'Amérique beaucoup moins fertiles, moins bien fituées & infiniment plus bornées, fous la direction encore d'une fimple affociation de négocians.

Il eft fingulier que tous les foins du gouvernement & tout fon Syftéme fur des entreprifes qui pouvoient enrichir immenfément la République, furent bornés à un octroi qui donne à une affociation de négocians le privilége de naviger & de faire le commerce à la côte occidentale d'Afrique depuis le Tropique du Cancer jusques au Cap de Bonne Efpérance, fur toutes les côtes de l'Amérique depuis la pointe méridionale de Terre - neuve, les détroits de Magellan, de Lemaire & autres, jusques á celui d'Anjan, dans la Terre - neuve & dans toutes les isles-

isles entre la mer du Nord & celle du Sud, de même que dans les terres auftrales. Si le gouvernement avoit eu un Syftême, au lieu de donner à des Négocians ce privilége f.ttueux & inutile, il fe feroit occupé des moïens de peupler, de defricher le Bréfil, & d'empêcher qu'il ne fût repris par les Portugais.

Lorsqu'on examine toutes ces conquêtes, toutes ces acquifitions, tous ces établiffemens de commerce, qui ont produit de fi grands changemens dans nos connoiffances, dans nos moeurs & dans l'état politique de toutes les nations de l'Europe, fi l'on en trouve plufieurs qui concourrent à établir l'opulence de quelques nations, on n'en trouve pas une feule qui foit l'effet de cet enfemble de principes, de ce fyftéme de la Science du Gouvernement qui n'a pour objet que la félicité des peuples & le bien de l'humanité. Si quelques unes de ces acquifitions ont été prévues & méditées, elles ne l'ont été que par cette politique qui n'a de motifs que la jaloufie, la vengeance ou l'ambition; qui ne s'occupe qu'à étendre à tout prix la domination, à reculer les

li-

limites d'un Empire, ou qui tend au defpotifme. La reflexion doit corriger ou affermir aujourd'hui ce qui n'a été jusqu'à préfent que l'ouvrage du hazard, de l'avidité, de la hardieffe, & du bonheur des circonftances: Le bien, tous les avantages qui peuvent en refulter, font partie des matériaux qu'un bon Syftéme de gouvernement peut emploier pour fervir à procurer le bonheur d'une nation.

Tous les gouvernemens fuivent un Syftéme, bon ou mauvais, pour conferver la puiffance ou l'élever. Mais aucun n'a encore formé un Syftéme dont l'objet principal feroit le bonheur des peuples. L'Efprit humain a fait des progrès infinis en Phyfique, en Morale, dans toutes les Sciences & dans les Arts. Nous avons acquis de grandes richeffes; & les plus utiles, les plus néceffaires nous manquent encore. Nous ignorons encore l'art de l'éducation de l'homme, l'art de former l'homme phyfique & l'homme moral; & nous fommes fi éloignés de l'art de gouverner les hommes, d'un bon Syftéme de la Science du Gouvernement, que nous n'avons pu parvenir encore à former un bon

Syf-

Syſtéme d'éducation, qui devroit être la premiere partie, la baſe eſſentielle d'un bon Syſtéme de gouvernement. Tant de grands hommes s'en ſont occupés avec ſi peu de ſuccès, qu'il ſemble que la nature doit faire un effort ſingulier pour produire un génie capable d'élever cet édifice qui cónſtitueroit le bonheur des peuples & la gloire de l'humanité.

§. 4.
Du bonheur des peuples.

Vanceslas III, Roi de Boheme, preſſé d'accepter la couronne de Hongrie que les Hongrois lui offroient, leur fit cette réponſe : *En multipliant le nombre de mes ſujets, je craindrois de diminuer les ſoins que je prends pour leur bonheur.* La réponſe de ce Monarque, dont le Regne honnora ſon ſiècle, préſente l'unique principe du bonheur des Souverains, qui conſiſte uniquement dans le bonheur des ſujets, & en même tems l'unique objet de l'inſtitution des Souverains ou dépoſitaires du pouvoir abſolu, & leur devoir eſſentiel, qui eſt de rendre heureuſe la Société ſoumiſe à ce pouvoir. Ainſi le bonheur du Souverain & celui des ſujets ſont ſi intimement liés, qu'il eſt impoſſible que l'un exiſte ſans l'autre.

H 4

tre. Cette félicité publique eſt donc le principe qui doit dicter, qui doit animer toutes les opérations du gouvernement; qui doit être l'ame de l'adminiſtration & en diriger toutes les branches dans tous les détails.

Chez toute Nation agricole, gouvernée ſur ce principe, l'agriculture ſera dans un état floriſſant, les Arts & le Commerce donneront aux productions naturelles toutes les valeurs nouvelles, dont elles ſont ſuſceptibles: les moyens de ſubſiſtance multipliés infiniment, la population ſera nombreuſe, & l'Etat ſera riche & puiſſant.

Des politiques ont mis en doute ſi la diminution de l'eſpece humaine eſt un malheur. Lorsqu'on jette les yeux, dit-on, ſur le grand nombre d'infortunés qui languiſſent dans tel & tel pays, & que l'on eſt ſouvent obligé de renfermer parcequ'ils manquent de pain & de travail, on feroit tenté de ſouhaiter plutôt la diminution de la population, que ſon accroiſſement. On cite enfin Sixte V, dont la maxime étoit qu'il valoit mieux détruire une ville, que de la remplir d'habitans malheureux.

Si

Si ce politique célébre qui étonna l'Europe par la prudence, & la vigueur de son gouvernement, avoit connu les principes de l'adminiſtration qui conſtituent infailliblement le bonheur des peuples, il auroit rejetté l'idée d'une ville remplie d'habitans malheureux ; au lieu de s'arrêter à cette idée affligeante de deſtruction, il auroit contemplé l'image riante d'une nombreuſe population, également heureuſe dans les campagnes & dans les villes.

C'eſt, dit-on encore, une grande erreur de notre philoſophie moderne, de préſenter ſans ceſſe à nos Souverains, des moyens d'étendre la population, & d'augmenter leur puiſſance par un plus grand nombre de ſujets. C'eſt leur propoſer d'accroître le nombre des malheureux & de multiplier encore les maux qui affligent l'humanité.

C'eſt là la Reflexion d'un philoſophe touché des calamités qu'une mauvaiſe adminiſtration ne répand que trop ſouvent ſur les peuples. La ſenſibilité de ſon ame ne lui permet pas de faire attention aux moyens de population qu'une ſage po-

 li-

litique préfente aux Souverains.
Rendez votre nation heureufe, & la
population s'accroitra en proportion
de fon bonheur: vous ferez vous-
même plus puiffant, & cette puiffance vous eft néceffaire pour perpétuer
fon état de profpérité, le feul principe conftitutif de votre propre bonheur. C'eft ainfi qu'une fage politique, bien loin de propofer d'accroitre le nombre des malheureux &
une puiffance d'oftentation ou tyrannique, en préfentant aux Souverains
les vraïs moyens d'accroitre la population, leur préfente au contraire les
vrais moyens de rendre leurs peuples heureux. Car les hommes malheureux ne fe marient point, ou ils
craignent de devenir péres & n'ont
que fort peu d'enfans. Le bonheur
du peuple eft l'unique principe d'une
grande population, & le bonheur du
peuple eft en même tems le feul
principe conftitutif du bonheur & de
la puiffance des Souverains. Mais
connoiffons - nous bien en quoi confifte le bonheur du peuple, & quels
font les principes & les agens qui
conftituent ce bonheur? Cette con-
noif-

noiffance eft fans doute la premiere de l'art de gouverner.

Pour fe former une idée jufte du bonheur d'une nation, il faut diftinguer le bonheur public du bonheur particulier, le bonheur phyfique & le bonheur moral. La Société ne préfente que très-peu d'exemples du bonheur moral, qui devroit fe trouver dans l'aifance & même dans la médiocrité. Les Richeffes, la naiffance, les dignités ne conftituent point ce bonheur, ou ne le conftituent que pour un moment. Ce bonheur ne peut être que l'ouvrage du cœur ou de l'efprit, ou de tous les deux enfemble, & ne peut exifter dans l'adverfité ou dans l'indigence, que par l'effort d'une philofophie fublime, qui éleve l'homme au-deffus des forces de la nature.

Il ne s'agit ici que du bonheur phyfique, qui confifte dans l'aifance. C'eft l'aifance de tous les hommes, de toutes les familles qui forment une nation, qui conftitue le bonheur public, le bonheur de la nation & celui du Souverain. Le principe de ce bonheur eft dans une agriculture floriffante: on le chercheroit inutilement ailleurs; c'en eft

là

là le principe unique ; & ce principe
produira infailliblement tout fon effet,
fi le Gouvernement ne néglige aucun
des moyens, aucun des agens, qui
doivent étendre & animer fon activité. On doit voir ces agens dans
l'induſtrie & le commerce. Arrêtons - nous au principe productif, à
l'agriculture.

Chap.

Chap. III.

DE L'AGRICULTURE.

La réunion des forces particulieres conftitue le corps politique & la fomme de forces de ce corps. Voulez-vous accroitre les forces de l'Etat, augmentez les forces particulieres. Vous trouverez le principe de cet accroiffement des forces particuliéres dans les productions naturelles : l'agriculture en eft l'unique principe productif. Elle eft par conféquent l'unique principe de la richeffe de l'Etat. Ecartez donc les obftacles qui s'oppofent à fes progrés, ou faites ceffer les abus qui la détruifent.

L'intérét que préfente le commerce, eft l'un des principaux objets de l'art de gouverner; c'eft aujourd'hui l'une des principales branches de la politique moderne, foit qu'on le confidére dans l'ordre & la conduite des affaires étrangeres & des négociations entre les Puiffances, foit qu'on fe borne à l'adminiftration intérieure de l'Etat.

§. 1.
Les agens de l'agriculture.

On

On doit fans doute reconnoître l'importance de cet intérêt à l'idée qu'on s'eft formée du commerce presque de nos jours. Le commerce, dit-on, eft la fource la plus abondante des richeffes de l'Etat : c'eft au commerce feul qu'il appartient d'animer, d'exciter l'induftrie, de créer les talents & de faire fleurir les Arts ; en un mot c'eft le commerce feul qui donne de l'activité aux reffors les plus effentiels des gouvernemens.

De-là l'enthoufiafme d'un grand nombre de Citoyens, qui dans l'ordre du gouvernement des Etats, ont part à l'adminiftration du commerce. Pour s'en procurer les avantages, féduits par cette idée, ils ne voient le commerce que comme une caufe productive de la profpérité nationale, qu'ils prennent pour un principe fondamental de l'adminiftration : & fur ce principe ils fe livrent à une infinité d'erreurs, qui arrêtent ou détruifent les progrés de la profpérité de l' Etat.

Des philofophes, qui voient le commerce du côté moral, fenfibles à fes avantages, le font encore plus au mal, qu'ils croient qu'il fait à l'hu-

ma-

manité. Quelques brillants, difent-ils,
que foient les avantages que les nations retirent du commerce , c'eft
une queftion plus difficile à refoudre
qu'on ne penfe , que celle de favoir,
fi les reffources qu'il préfente & les
tréfors qu'il procure , peuvent dé‑
dommager les peuples des malheurs
qu'il occafionne & des défaftres qui
le fuivent. La confommatiou d'hom‑
mes qu'occafionne néceffairement un
grand Commerce , dit l'auteur de
l'efprit , doit être regardée comme
une des principales caufes de la dé‑
population. Cette confommation eft
telle , qu'on ne peut fans fremir con‑
fidérer celle que fuppofe notre com‑
merce d'Amérique.

L'auteur de l'efprit voit égale‑
ment dans ce commerce la deftruc‑
tion des Européens & des habitans
de l'Afrique. Car dans la traite des
Négres , il faut, dit-il, mettre éga‑
lement au rang des malheurs, & la
mort des commerçants Américains
ou Européens , & cette foule d'A‑
fricains qu'on tranfporte en Améri‑
que. Tout le monde peut le voir,
comme l'auteur de *l'Efprit :* & l'on
doit voir encore une grande confom‑
ma‑

mation d'hommes dans le commerce des Deux Indes, dans celui du Levant, dans celui d'Europe en Europe, & dans les guerres maritimes que ce commerce fait naitre.

Le commerce, dit-on encore, amene les Richeſſes; les Richeſſes ſont bientôt ſuivies du Luxe; & le Luxe corrompt les moeurs & détruit les Empires. C'eſt donc ainſi, ſi l'on en croit ces philoſophes, que le commerce détruit enſuite lui-même par l'excès des Richeſſes qu'il procure, les grands édifices qu'il a élevés.

En un mot, les uns regardent le Commerce comme un principe productif, & les autres comme un principe deſtructif: & les uns & les autres ſont également dans l'erreur.

Le commerce ne produit rien. Il n'eſt dans l'ordre politique qu'un agent qui, à l'aide de l'induſtrie, donne aux productions de la nature, toute la valeur dont elles ſont ſuſceptibles. L'Induſtrie n'eſt elle-même qu'un agent, qui ajoute la premiere valeur nouvelle aux productions naturelles en les rendant propres à nos divers uſages.

II

Il ne faut donc regarder comme un principe productif, que l'agriculture feule, c'eft-à-dire, l'art d'aider la nature à multiplier, à perfectionner & à diverfifier fes productions au gré de nos befoins. Toute la partie de l'induftrie humaine qui tient immédiatement à cet art, eft une partie de l'art même.

L'abondance des productions dépend uniquement de l'activité de ce principe : & fon activité dépend de la confommation des productions. L'activité de ce principe fe refferre dans tout païs en raifon de la confommation, au point de borner les productions au néceffaire phyfique des habitans : & la confommation augmente par degrés l'activité de ce principe jufques à porter les productions naturelles à la plus grande abondance poffible.

Que la confommation s'étende, foit par les arts, qui donnent de mille manieres des valeurs nouvelles aux productions naturelles, foit par le commerce qui les tranfporte & les produit au dehors, foit par le Luxe étranger ou national, ou par ces trois agens réunis; il eft certain que

Le Philosophe fait une peinture touchante de l'injustice & de l'inhumanité qu'il trouve dans le commerce de Guinée. Il falloit mettre d'abord en question, s'il y a de l'inhumanité à acheter des hommes prisonniers de guerre, & en cet état destinés à être égorgés ; s'il est inhumain de leur sauver la vie, & de leur procurer en les transportant en Amérique une vie plus douce, que celle que menent la plûpart de leurs compratriotes dans l'état de leur liberté politique ? Car les Négres sont tous esclaves de leurs Souverains.

Quand les Portugais firent des établissemens aux côtes d'Afrique, ils trouverent les peuples de cette contrée divisés en différentes nations presque toujours en guerre ; & leur droit de la guerre étoit d'égorger tous les prisonniers. Le commerce à fait cesser ce carnage. On a conservé précieusement les prisonniers. Les Africains sans être devenus peut-être plus humains, ont moins offensé l'humanité. Tel a été l'effet dela traite des Nègres : il se peut qu'elle ait été quelque fois la cause que ces peuples se soient fait la guerre uniquement pour

ac-

acquérir des priſonniers pour le commerce , ou qu'ils ſe ſoient attachés à
en faire un plus grand nombre. Il
n'en eſt pas moins vrai que l'humanité y a gagné la conſervation de la
vie d'une multitude infinie d'hommes,
dont un grand nombre ſont moins
malheureux dans l'Amérique , que la
plûpart des payſans en Europe.

Sans doute la navigation , principalement les voyages de long-cours,
occaſionnent une grande conſommation d'hommes. Il eſt certain que
le commerce l'exige. Mais cette
conſommation d'hommes bien loin
d'être une cauſe de dépopulation,
donne lieu à une population immenſe. C'eſt-là la cauſe de la grande
population de toutes les villes com-
merçantes & des campagnes voiſines.
Qu'on ne s'arrête qu'à la Hollande.
Aucun païs de l'Europe n'a une population plus floriſſante , & aucun
n'a fait relativement une auſſi grande conſommation d'hommes depuis
la naiſſance de la République, pour
étendre & ſoutenir la pêche , la navigation & le commerce dans les quatre parties du monde. La raiſon en
eſt bien ſenſible : c'eſt que la pêche,

la

la navigation & le commerce multiplient à l'infini les moyens de ſubſiſtance, & partout où les moyens de
ſubſiſtance ſe multiplient, les hommes ſe multiplient en proportion.
C'eſt-là la raiſon de la prodigieuſe
populationn de la Chine. C'eſt le principe de population que M. De
Montesquieu a rendu ſi ſenſible en
peu de mots : *Partout où il ſe trouve une place où deux perſonnes peuvent vivre commodément, il ſe fait
un mariage. La nature y porte aſſez,
lorsqu'elle n'eſt point arrêtée par la
difficulté de la ſubſiſtance.* Il n'y a
que la marine royale qui attaque la
population, parcequ'elle ne procure
point au peuple des moyens de ſubſiſtance en proportion de ſa dépenſe
en hommes ; mais elle attaque la
population, comme le ſervice de terre. Toute puiſſance qui a des ports
de mer, doit avoir une marine pour
ſa défenſe.

Qu'on parcourre exactement les
revolutions des Empires, on n'en
trouvera pas une, qui ait eu pour
cauſe les richeſſes accumulées par le
commerce. Le commerce fonda ou
enrichit quelques anciennes Républiques,

ques, détruites enfuite par des caufes étrangéres au commerce. Nos
grandes Républiques doivent leur
naiffance ou leur aggrandiffement au
Commerce, c'eft par fes richeffes
qu'elles fe font élevées au rang des
grandes puiffances, & s'y font main-
tenues. Elles s'éloignent à préfent de
la place qu'elles ont occupée dans
la balance du pouvoir, & s'en èloigne-
ront vraifemblablement encore beaucoup. Mais ce ne font ni les richeffes accumulées chez elles par le commerce, ni le luxe qui fuit les richeffes, qui leur font éprouver cet
abaiffement. Elles perdent infiniment
de leur poids dans la balance, uniquement parcequ'elles n'ont fait &
pu faire qu'un commerce d'économie (*a*), qu'un commerce précaire,
qui a été la fource de leurs richeffes. Cette fource diminue fans ceffe,
parceque les puiffances territoriales
ne ceffent de reprendre leur commer-

I 4

ce

(*a*) Le commerce d'économie confifte à acheter les productions d'une nation, pour
les vendre à une autre, c'eft le commerce
de la Hollande, de Venife, de Gênes
&c.

ce de propriété (*a*) que ces Républiques faisoient : & les progrés de leur décadence doivent suivre nécessairement les progrés du commerce de propriété que toutes les nations agricoles ont entrepris de faire elles-mêmes. Ce n'est donc point l'excés des richesses du commerce qui détruit nos Républiques, mais la diminution des richesses du commerce; parceque leur commerce diminue. Les guerres & l'excés des impots, voilá les seules & les vraïes causes de la destruction des Empires.

Les hommes ont abusé de tout; de la connoissance des plantes & des mineraux pour composer des poisons, du fer et de l'acier pour s'égorger, de l'or & de l'argent pour acheter l'impunité des crimes, ou les faire commettre; de la Poësie & de l'eloquence pour favoriser le vice, ou persuader des erreurs; ils ont sans doute abusé du commerce. S'ensuit-il de-là qu'on doit proscrire de la Société, la connoissance des plantes

&

____

(*a*) Le commerce de propriété d'une nation consiste à vendre ses propres productions & à acheter des étrangers, celles qui lui manquent pour sa consommation.

& des mineraux; l'ufage du fer , de l'acier, de l'or & de l'argent, la Poë-fie, l'Eloquence, tous les arts agréa-bles qui en dépendent , & le com-merce qui les nourrit , & avec le commerce l'ufage des métaux, & tous les arts utiles ? L'auftérité abfurde de cette Philofophie, de conféqúence en conféquence , rejetteroit de la Société l'art même de l'agriculture , comme fource de toutes les grandes richeffes qui amenent le luxe & la corruption des mœurs , & par le luxe & la corruption des moeurs la chute des Empires. Rien ne feroit auffi rapi-dement deftructif, non feulement des Empires , mais encore de toute So-ciété , que cette doctrine , fi elle étoit auffi féduifante qu'elle eft fauffe , trifte & auftére.

Le bon fens & la raifon ne per-mettent donc point de confidérer le commerce comme un principe pro-ductif, encore moins comme un prin-cipe deftructif.

Il importe infiniment plus qu'on ne penfe, dans le Gouvernement d'une nation agricole, de diftinguer avec plus d'attention qu'on n'a fait juf-qu'à préfent, le commerce de proprié-

I 5 té,

té , du commerce d'économie. C'eſt parcequ'on a vu des Républiques enrichies par le commerce, ſans faire attention à la nature de leur commerce, qu'on a conſidéré le commerce en général comme un principe productif des richeſſes, & qu'on a cru devoir les imiter dans l'adminiſtration des Monarchies. Le commerce d'économie a été dans les Républiques, un principe productif des richeſſes, comme il l'eſt dans les mains d'un négociant, comme un art lucratif dans les mains de celui qui l'exerce. Le commerce, ainſi que les autres arts lucratifs, ne pouvoit être dans les mains de ces Républiques qu'un moyen de ſubſiſtance tiré des productions étrangéres , auxquelles l'art du commerce ajoutoit des valeurs nouvelles ; mais le commerce ne pouvant être le principe de ces productions, à meſure que l'art du commerce s'eſt étendu, ces Républiques ont vu diminuer les richeſſes des valeurs nouvelles que l'art pouvoit donner dans leurs mains aux productions étrangères. Les nations propriétaires les en ont privées ; parcequ'elles ſe ſont trouvées propriétai-

res

res du principe productif, auquel elles ont réuni l'art d'ajouter aux productions, des valeurs nouvelles, c'eft-à-dire, l'art du commerce & des fabrications. C'eft-là la raifon qui a rendu précaires les richeffes & la puiffance des Républiques, qui n'avoient que peu ou point de territoire. C'eft-là ce qui fait que la Hollande inceffamment réduite à fon commerce de propriété, qui ne confifte que dans les productions d'un territoire fi borné en Europe, qu'il ne peut fuffire à nourrir le quart de fes habitans, dans celles de fes poffeffions territoriales auffi fort bornées en Amérique & dans les Indes, deviendra une puiffance très-foible, de l'une des premieres puiffances maritimes de l'Europe quelle étoit, & même la premiere pendant quelques années.

Par quel art en effet une nation induftrieufe & commerçante, dont les ficheffes, la population & fes fubfiftances dépendent des productions des autres nations, dont l'induftrie confifte uniquement à donner des formes nouvelles à des productions étrangères, & à acheter les productions du Midi pour les vendre au Nord, &

les

les productions du Nord pour les vendre au Midi; par quel art, dis je, pourra - t - elle conserver ses richesses & sa puissance, quelque ardeur & quelque intelligence qu'on lui suppose, lorsque les nations étrangères fabriqueront elles-mêmes, & lorsque celles du Midi & du Nord se communiqueront directement leurs productions respectives? Elle ne cessera point de s'affoiblir, jusques à ce qu'elle soit comptée pour rien dans la balance du pouvoir. Ce sera-là l'effet infaillible des progrés que fait en Europe l'art de l'adminiftration; & cet effet se fait dejà affez sentir depuis quelques années. On ne voit qu'un colporteur, une tierce main inutile & infiniment onéreuse, dans cette nation industrieuse & commerçante, dont il est si facile de se passer par la voye simple & naturelle d'une communication directe.

Pourquoi la Hollande seroit - elle toujours le magasin général de l'Europe, comme elle l'a été pendant tant d'années ? N'est-il pas naturel, que l'Allemagne & tout le Nord tirent directement de France, d'Espagne & de l'Angletterre, toutes les denrées de leur cru & de celui de

leurs

leurs Colonies en Amérique; & que
la France, l'Espagne & l'Angleterre,
tirent de l'Allemagne & du Nord les
productions qui leur font néceffaires;
qu'elles fe communiquent auffi directement leur induftrie refpective
fans paffer par les mains des Hollandois ? N'eft-il pas naturel encore
que chaque nation donne à fes productions toutes les formes dont elles
font fufceptibles, pour être rendues
propres à nos ufages?

Il femble que cette marche fi naturelle & fi fimple de l'induftrie &
du commerce eft aujourd'hui affez
connue, cependant on n'agit point
encore conféquemment. On croit
toujours qu'on ne fauroit trop imiter
l'adminiftration de Colbert; on fuit
fon Syftème : on ne voit que commerce & manufactures, qu'on prend
pour des principes productifs : & l'on
ne fait rien, où l'on fait fort-peu
pour animer & pour étendre l'unique
principe productif qu'il y ait dans les
Monarchies, c'eft-à-dire l'agriculture. On ne pourroit refufer des éloges au miniftère de Colbert fur les
progrés rapides que firent par fes
foins en France, le commerce & tous
les

les arts utiles, s'il n'avoit pas fait la
faute de les {traiter comme des principes productifs. Cette erreur lui
fit négliger l'agriculture : il lui porta même un coup tout-à-fait deftructif par l'interdiction du commerce des grains. Cette géne détruifoit
en France ce principe productif, fans
lequel la nation agricole la plus induftrieufe ne fauroit être riche &
puiffante, pendant que la liberté l'a-
nimoit & l'étendoit en Angleterre.
L'activité de ce principe a été enfuite bien plus refferrée encore par l'excés des impots. L'immortel Sully
avoit mieux jugé & mieux connu
la vraïe fource de la richeffe de l'E-
tat. Il avoit vu dans l'agriculture
le feul principe productif & la vraïe
fource de toute richeffe ; il l'avoit
animée par la douceur des impots &
par la liberté, & n'avoit encouragé
les arts & le commerce, que comme
des agens qui animoient & étendoient
la valeur de ce principe productif.

En Angleterre, peu après la revolution, l'agriculture fut confidérée
comme la premiere bafe de la richeffe : le corps de la nation s'en occupa ; car ici le corps de la nation fup-

plée

plée souvent au défaut de zéle & de lumieres des miniftres. L'agriculture fut traitée pendant quelque tems comme le feul principe productif. Mais l'excés des impots aïant refferré l'activité & l'étendue de ce principe, la nation femble avoir oublié qu'il eft l'unique bafe de la richeffe & de la puiffance. Par les deux dernieres guerres qu'elle a faites à l'Efpagne & à la France, elle a porté toute fon attention fur les moyens de foutenir fes manufactures dans un état floriffant & d'étendre fon commerce dans les quatre parties du monde, d'ajouter de nouveaux établiffemens à fes établiffemens dejà trop nombreux en Amérique; & n'a rien fait pour ranimer & foutenir l'agriculture, le feul principe productif fans lequel les manufactures & le commerce ne font rien, ou fort peu de chofe chez une nation agricole. Elle a au contraire détruit, ou tout au moins extrémement affoibli le principe productif de fa Richeffe; elle femble respecter aujourd'hui les caufes de fa deftruction, parceque ces caufes confiftent dans le païement des intérêts des dépenfes que l'ambition de

s'en-

s'enrichir & de dominer, a fait faire
à la nation. C'est ainsi que cette
nation s'est mise elle-même dans la
nécessité de chercher dans un commerce
d'économie, des moyens de
soutenir sa puissance ; qu'elle en a
abandonné le principe naturel &
qu'elle y a substitué un principe artificiel
et précaire, qui rend nécessairement
sa puissance incertaine & momentanée *(a)*

(b) La France apres avoir vu dépérir
l'agriculture pendant un grand
nombre d'années, a enfin ouvert les
yeux sur la sagesse du ministére de
Sully & sur les fautes de Colbert.
Des citoyens éclairés ont fait connoître
l'absurdité des génes sur le commerce
des grains, & en ont reclamé
la liberté. Ils ont vu dans les interdictions
du commerce, la principale
cause du dépérissement du seul principe
productif de la richesse de l'Etat,

(a) Nous l'avons démontré dans *la Richesse de
l'Angleterre.*
(b) Nous reviendrons sur la liberté du commerce
des grains dans l'article de *l'impot
territorial* ; où l'on ttouvera les moyens
d'établir cette liberté avec des avantages
infinis, & d'en écarter tous les inconvéniens.

tat, & que ce dépèriffement tendoit
à la ruine entiere de la Monarchie.
On a enfin accordé cette liberté falu-
taire. Mais comme l'interdiction du
commerce n'étoit pas la feule caufe
déftructive, & qu'on y avoit ajouté
l'excés des impots, caufe tout au
moins auffi deftructive que l'interdiction du commerce, la liberté feule ne pouvoit fuffire pour relever
des bras découragés, ni faire revivre des cultivateurs détruits par l'excés des impots. Cependant une mauvaife année a fait croire la liberté nuifible. On lui a attribué une augmentation de difette, parcequ'on n'a
pas voulu voir que l'excés de l'impot avoit dejà établi une difette permanente, indépendante de la bonne
ou mauvaife année, & que la liberté du
commerce ne fuffifoit pas pour remédier à ce mal, tant qu'on laifferoit
fubfifter l'excés des impots. Car
l'excés de l'impot produit néceffairement ce malheureux effet: Le cultivateur cultive moins & moins bien,
parceque l'excés de l'impot lui enleve les moiens de faire les frais d'une
bonne culture, détruit dans fes mains
le germe de la reproduction, & le

K

dé-

détruit enfin lui-même en abforbant une partie de fa fubfiftance. Qu'a donc de commun alors la difette, qui en réfulte avec une bonne ou mauvaife année, ni avec la liberté du commerce des grains ? & comment concevoir qu'avec du bon fens, on ofe donner tous fes foins à élever le commerce & les Manu-factures, & fe flatter d'enrichir l'E-tat par le fecours de ces agens, dans tous pays où l'agriculture eft traitée ainfi ?

§. 2.
Des fo-
iétés
'agricul-
ure &
es con-
eils de
ommer-
e.

On a établi dans la plûpart des Monarchies de l'Europe, des confeils de commerce, & préfque partout on a formé des focietés d'agriculture. On ne fauroit trop louer la fageffe de l'efprit public qui a introduit dans l'adminiftration ces deux fortes d'in-ftitutions. N'eft-il donc pas bien naturel de demander, pourquoi ces confeils & ces fociétés n'ont fait faire encore aucuns progrés fenfibles, ni à l'agriculture ni au commerce, fi ce n'eft en Irlande & en Suiffe ? La raifon en eft bien fimple. Ce n'eft pas faute d'affemblées, de délibera-tions, d'écrits, en un mòt de tra-vail.

Les

Les sociétés n'ont point porté leur principale attention sur le mérite des premiers moyens de relever ou d'animer l'agriculture, & d'écarter les obstacles qui arrêtent les premiers progrès de l'art; soit qu'elles n'ayent point assez refléchi leur objet, soit que l'administration ait géné la noble liberté qui est nécessaire pour bien traiter les matiéres publiques.

Les conseils de commerce n'ont point vu la science du commerce dans toute son étendue. Ils n'ont donné aucune attention à son premier principe. Ils n'ont vu le commerce que dans l'achat & la vente des denrées & des marchandises, dans les Manufactures de toutes sortes, & dans des obstacles à vaincre, ou des encouragemens à donner par la finance; que dans les droits d'entrée, de sortie & de consommation, & dans le crédit. Sur ces principes seuls, des conseils de commerce peuvent travailler pendant des siécles sans parvenir à rendre industrieuse & commerçante une nation agricole, sans rien ajouter à sa richesse & à sa puissance. Les institutions des conseils, qui s'en tiennent à ces seuls princi-

pes,

pes, ne font qu'un moyen de plus d'appauvrir une Nation par beaucoup de dépenfes faites en pure perte.

La premiére Société élevée en Europe, *d'agriculture, d'arts & de commerce*, fut formée en Irlande par une affemblée de Seigneurs éclairés & citoyens, c'eft-à-dire vraîement amis de la patrie & de l'humanité. L'abandon où étoit l'agriculture, fut le premier & le principal objet qui les frappa. Ils regarderent avec raifon cet abandon, comme la caufe de l'indigence des peuples; & l'agriculture en bon état, comme la fource de la richeffe. Dans le projet de rendre leur patrie riche, ils ne virent d'autre principe productif de la richeffe, que l'agriculture feule. Ils ajouterent à cet objet, qui devoit les occuper effentiellement, les arts & le commerce, non comme des principes productifs, mais comme des agens, ou des moyens qu'il falloit néceffairement emploier pour vivifier le principe productif, & étendre fon activité au plus haut dégré poffible.

Tou-

Toute l'induftrie des Irlandois
confiftoit dans la pêche des Saumons,
dans la nourriture des bêtes à corne
& des bêtes à laine, & dans les falaifons. Ces objets étoient entretenus par la vente des laines, des
cuirs & des fuifs à l'étranger, & par
celle des falaifons. Toutes les autres branches de l'agriculture étoient
groffiérement négligées. Des déferts
en prairies & en pâturages favori-
foient la pareffe & l'indolence des
habitans. Les membres de la fociété
donnerent eux-mémes des exemples de
la bonne culture de toutes les productions, dont ils trouverent leur territoire
fulceptible. Ils introduifirent en même
tems par l'inftruction & par des prix,
l'art de la filature de la laine & du
lin, & l'art de les tiffer. Par leurs
foins & leur zéle, la fabrication &
le commerce vinrent au fecours de
l'agriculture : & ce principe productif
répandit alors l'aifance chez tous les
cultivateurs, & l'abondance dans
le Royaume. La face de l'Irlande
fut changée en peu d'années. Il eft
aifé de voir qu'une revolution fi
heureufe n'auroit pu être produite par
les foins d'un confeil, qui ne fe fe-

roit

roit occupé que de Manufactures
& de commerce ; & que l'Irlande feroit reftée pauvre, fi cette Société ne
s'étoit pas attacheé dabord à élever
l'agriculture. L'agriculture feroit elle-même reftée dans l'abandon ou
l'indigence, fi la Société avoit eu à
combattre l'ufage desCorvées ou l'excés des impots, ou tous les deux enfemble, où fi elle n'avoit pas eu affez
de force pour combattre avec fuccés
de fi grands ennemis de l'agriculture.

La Société qui fe forma la premiere fur ce modèle en Bretagne en
1757, vit de même le principe productif de la profpérité nationale dans
l'agriculture feule ; & les moyens de
l'animer & de l'étendre, dans les Manufactures & dans le commerce. Mais
cette Société, ainfi que les Sociétés
qui ont borné leur objet à l'agriculture, n'ont produit que peu d'effet,
ou des effets médiocres, parcequ'il
leur a été impoffible d'arrêter le cours
de la deftruction des cultivateurs établie par l'excés des impots. Elles
devoient demander à la Finance, des
bras qui ne peuvent être fuppléés
ni par l'exemple, ni par l'inftruction.
On défendit à ces Sociétés dans leur
in-

inftitution, de faire des obfervations
fur les Finances : c'eft à dire, qu'il
ne leur fut pas permis de porter leur
attention fur l'excés de l'impot. Autant valoit-il leur défendre d'être
auffi utiles qu'elles pouvoient l'être.
On doit des éloges au zéle pour le
bien de l'humanité, qui a entrepris
de lutter contre un fi puiffant ennemi. Ces Sociétés font ainfi privées
de la faculté d'emploïer le premier
de tous les moyens de faire fleurir
l'agriculture, qui confifte à retablir
la propriété & l'efprit de propriété, détruits par l'excés des impots. Cette deftruction rend tous leurs foins prefque
inutiles, ou d'une utilité fort bornée.

Toutes les branches de l'adminiftration fe tiennent & font tellement
liées, que le Gouvernement n'en peut
négliger aucune fans porter plus ou
moins de préjudice à toutes les autres. L'agriculture, le commerce,
la navigation, les arts utiles & les
arts agréables, la police, l'adminiftration de la Juftice, la législation,
les Finances, la milice & les affaires étrangères, doivent être dirigées
fur ce principe. Il faut voir néceffairement dans toutes ces branches,

K 4 &

& même dans les détails de chaque branche, la chaine qui les lie toutes, pour connoitre les soins que chaque branche demande à l'administration, & conduire l'ensemble à un point de réunion, & à un resultat qui constitue chez une grande nation, la plus grande prospérité & la plus grande force possibles.

Tous les efforts de la politique la plus éclairée non seulement ne sauroit produire cette force & cette prospérité, mais même tirer une Monarchie d'un état de foiblesse & de langueur, si la premiere attention n'est pas donnée à l'agriculture, comme au premier principe, comme à la base de l'édifice qu'on veut élever. Il est facile de se convaincre, si peu qu'on refléchisse sur chaque objet en particulier, qu'il est impossible que toutes les branches ne se ressentent pas de l'indigence ou de la foiblesse du principe, s'il est négligé ou abandonné; & qu'il en résulte un ensemble propre à donner à l'Etat l'opulence & le nerf dont il est susceptible. Il faut nécessairement que l'Etat soit plus ou moins foible, & surement foible relativement.

Le

Le commerce & les Manufactu-
res qui n'ont pas essentiellement pour
objet les productions naturelles de la
Monarchie, ne font rien.   Car le
commerce des productions étrangéres ne fauroit être celui d'une Monarchie ; & les Manufactures méritent peu d'attention, si elles ne s'occupent pas des productions nationales. Il est encore certain qu'une grande Monarchie ne peut avoir de navigation vraîement utile, qu'en proportion de ses productions naturelles.
Les arts agréables, la police, l'administration de la Justice, la legisla-
tion demandent des dépenses auxquelles les Finances ne peuvent fournir, parcequ'elles sont elles-mêmes
dans le besoin. La milice est par la
même raison, foible, & encore parceque la population est énervée ; enforteque pour entretenir la défense
de l'Etat, la milice ajoute tous les
jours à la destruction de la population, par conséquent à la foiblesse de
l'Etat. Les Ministres ont moins de
crédit chez les puissances étrangéres ;
parce que l'Etat a moins de poids
dans la balance ; car fa puissance est
nécessairement rélative, & calculée
K 5 fur

fur ce principe dans les négociations.
On fent de quelle importance eft
dans les affaires étrangéres, l'Etat
floriffant d'une Monarchie, par la réponfe que *Wanveuning*, Ambaffadeur
de Hollande, fit à un miniftre de
Louis XIV. qui lui difoit : *Le Roy
veut.* Monfieur , *je n'examine point
ce que le Roy veut , mais ce qu'il
peut.*

L'agriculture , comme le feul
principe productif , comme la bafe
de l'opulence , des forces & de la
profpérité , dont une Monarchie eft
fufceptible, doit donc fixer la premiere & la principale attention du Miniftère. Les confeils de commerce
auroient du la confidérer comme le
premier objet de leurs foins & le plus
effentiel. Ils auroient du, s'ils avoient envifagé le commerce dans fes
vrais principes & dans toute fon
étendue, prévenir l'inftitution des
fociétés d'agriculture, fur la néceffité d'établir & de rendre abondante
cette fource du commerce. Car dans
le fyfteme d'adminiftration du commerce, ceux qui le dirigent , doivent d'abord s'occuper effentiellement
des moyens de donner à la Monarchie

chie le plus d'objets de commerce,
qu'il eft poffible, & l'on ne fauroit
lui donner une grande quantité d'objets de commerce, un vrai commerce, & une vraïe induftrie, le commerce de propriété, le feul qui convienne à une Monarchie, le feul
propre à la rendre heureufe & puiffante, que par l'abondance des productions naturelles. L'inftitution des
fociétés d'agriculture fe feroit trouvée dès l'inftant qu'elle a été formée,
en concurrence avec les confeils de
commerce, pour procurer à l'Etat
cette abondance, fans laquelle fon
territoire & fa population font en
non-valeur; & fon induftrie & fon
commerce ne font rien ou fort peu
de chofe: ce qui eft à peu prés l'état
où fe trouvoit l'agriculture chez la
plûpart des nations de l'Europe, lors
des inftitutions des confeils de commerce & des fociétés d'agriculture
qui fe font formées de nos jours fucceffivement en fi grand nombre. On
a même chez plufieurs nations, donné
de nouvelles forces à la caufe la plus
deftructive de l'agriculture, à l'excés
des impots.

La

La Théorie a fait des progrés infinis: nous avons une connoiſſance
exacte des différentes qualités des
terres, de leurs différens dégrés de
fertilité, de la méthode de culture
qu'elles exigent, des différens engrais qui ſont néceſſaires, relativement à chaque eſpèce de production,
à la nature du climat & aux intem-
péries des ſaiſons, & des moyens de
détruire les mauvaiſes herbes. On a
déterminé les momens des différentes recoltes, la meilleure manière de
les faire, & de conſerver les fruits;
on a fixé la maniere de ſémer, le
choix & les préparations des ſèmen-
ces. Nous ſommes inſtruits de la
méthode la plus ſure & la plus avan-
tageuſe d'élever les beſtiaux, de les
conſerver & de les multiplier; de
changer les races ou de les améliorer. Nous connoiſſons mieux l'art
de cultiver, d'élever & de conſerver
les arbres de toute eſpèce. Nous
poſſédons enfin l'art de défricher,
l'art de rendre les marais & les dé-
ſerts fertiles, & de répandre partout
l'abondance. Nous avons des tréſors immenſes dans la Théorie, &
cependant nous ſommes pauvres: plu-

ſieurs

fieurs nations de l'Europe éprouvent depuis un grand nombre d'années des difettes plus fréquentes, qu'elles n'en éprouvoient avant la naiffance des progrés de cette Théorie. Elle étoit ignorée dans le tems où le Miniftére de Sully fit de la France dévaftée par quarante années de guerres civiles, l'un des premiers greniers de l'Europe. L'Angleterre & la France, où l'art de l'agriculture eft le mieux connu, où l'on a le mieux développé toutes fes reffources, qui vendoient autrefois tous les ans des grains à l'étranger, font obligées d'en acheter aujourd'hui tous les ans, ou d'en interdire la fortie; & chez les autres nations de l'Europe où la Théorie des Anglois & des François s'eft généralement répandue, l'agriculture n'a fait encore aucuns progrés fenfibles.

Jusqu'à préfent les progrés de la Théorie ne nous offrent donc que des Thréfors oififs. La raifon en eft bien fimple. La Théorie n'a point attaqué les ennemis qui détruifent fans ceffe l'agriculture, ou qui l'empêchent de s'élever. Le premier pas à faire pour rendre l'inftruction utile, devoit être la recherche des moyens

de

de donner des bras à la terre, de ranimer des bras énervés par l'oppreſſion & l'indigence. On ſait que l'agriculture eſt au nombre de ces arts méchaniques, qui s'exercent ſans aucune connoiſſance de la Théorie, c'eſt-à-dire, que cet art n'exige qu'un uſage habituel & non refléchi des régles de l'art. Il n'en eſt pas moins vrai que cet art, comme tous les arts méchaniques, a ſa Théorie qui doit le perfectionner infiniment. Mais cet art demande, comme tous les autres, des bras, & des bras plus ſains & plus robuſtes. Il demande encore l'exemple; car l'exemple eſt le ſeul canal, qui peut répandre l'inſtruction chez les cultivateurs. C'étoient là les premiers objets qui devoient occuper les ſociétés d'agriculture. Elles devoient demander des bras au gouvernement, & des exemples aux grands propriétaires & à la nobleſſe oiſive.

Les terres exigent des préparations, qu'on ne peut leur donner que par des travaux aſſidus & pénibles, des beſtiaux pour les labourer & pour procurer les engrais néceſſaires. Elles demandent encore un commerce

fa-

facile, qui assure aux cultivateurs la recompense de leurs peines, & que l'impot ne leur enleve pas les fruits de leur travail jusques à leur óter les moyens de subsistance.

Dans une partie de l'Europe, si on en excepte les Païs-Bas Autrichiens, les terres de la Hollande, la Suisse, quelques cantons de l'Italie & de l'Espagne, l'agriculture est détruite ou sans cesse combattue par l'excés des impots : & dans l'autre partie, elle l'est encore plus par les corvées. Dans la plus belle & la plus grande partie de l'Europe, les cultivateurs sont Esclaves de l'impot arbitraire, de la milice, de la corvée pour le service militaire & l'entretien des grands chemins ; enfin de la glebe, ou tout à fait serfs. Ce sont là les principaux ennemis du seul principe productif de la richesse, de la puissance, de la félicité publique; les ennemis que les conseils de commerce & les sociétés d'agriculture devoient attaquer, avant toute autre considération. Ce n'est qu'après avoir écarté ces ennemis de l'agriculture, qu'on peut s'occuper avec succés des moyens de donner aux agens de ce

prin-

principe productif, c'est-à-dire à l'industrie & au commerce, toute l'étendue & la force nécessaire pour procurer la prospérité.

Qu'on supprime l'usage des corvées, qu'on rende une liberté légitime aux peres nourriciers de la patrie, qu'on change la forme de l'impot territorial, qu'on éloigne un impot exceflif de la racine des fruits, & qu'on retire enfin la hache qu'on tient fans ceffe au piéd de l'arbre pour en cueillir le fruit; il eft certain que les productions naturelles de l'Europe feront doublées presque partout, ce fera alors que les richeffes de notre Théorie à l'aide de l'exemple, de l'induftrie & du commerce, perfectionneront de mille manieres la pratique du premier de tous les arts, & que l'agriculture fera les plus heureux progrès.

Cha-

Chap. IV.

DES CORVÉES.

En écrivant fur les Corvées, fur les droits perfonnels & en argent, dus par les fujets à leurs Seigneurs, & fur l'impot territorial; en livrant un combat à ces ennemis de la mere nourrice du genre humain, on ne prétend point attaquer la légitimité légale d'aucun de ces droits. Le titre des Seigneurs ne peut être contefté : on peut bien moins contefter encore celui des Souverains.

Il ne s'agit ici que d'abus fenfibles, & deftructifs de la fortune même des Seigneurs, à réformer, & de principes d'amélioration, à établir. On eft bien éloigné de vouloir donner atteinte à la liberté des Seigneurs, en foumettant cette matiere à l'empire d'une loi nouvelle : on prouvera au contraire qu'une loi qui géneroit la liberté, feroit beaucoup de mal, & ne pourroit produire que fort peu de bien.

Nous exceptons du tempérament à fuivre pour concilier des droits ré-

L

pu-

putés légitimes, avec l'intérêt des cultivateurs, celui des Seigneurs & de
l'Etat, ces reſtes des abus énormes
de l'empire féodal qui ſoumettent
encore des cultivateurs aux excés
de l'oppreſſion: tels que le prétendu
droit de ſervitude, qui rend un Seigneur propriétaire de la perſonne de
ſon ſujet; la corvée illimitée, la corvée
arbitraire, la corvée inégale entre les
ſujets, ainſi que les amendes & les
peines arbitraires. Pour l'honneur
& le bien de l'humanité, tous ces
abus ne ſauroient être corrigés par
une loi trop ſevére. Nous ne nous
arrêtons qu'à la corvée réputée généralement légale dans tous les pays
où les cultivateurs y ſont ſoumis;
où le payſan qu'on nomme *entier*, ne
doit qu'un jour de travail par ſe-
emaine.

On préſente aux Seigneurs un
plan d'amélioration de leurs domaines, dont l'exécution ſimple & facile doubleroit tout au moins leur revenu. On le préſente aux Souverains, parceque l'intérêt des Seigneurs
eſt évidemment auſſi celui de l'Etat.
Mais on ſoumet entiérement l'exécution de ce plan à la reflexion, à la
ſa-

fage prévoyance de chaque Seigneur.
Chacun peut en calculer à fon gré
les avantages ; & il n'en pourroit
coûter à ceux qui refuferoient de calculer les avantages de ce plan d'a-
mélioration, ou qui les calculeroient
mal, que la privation du plaifir de
voir accroitre leur fortune, & d'a-
voir, à ce prix, contribué au bien de
l'Etat & de la Société.

L'eftime qui eft due aux Seigneurs, ne permet pas de croire qu'
aucun d'eux veuille rejetter une propofition d'amélioration précifément
parceque c'eft une nouveauté. Votre induftrie & votre commerce n'ont
encore que de foibles commence-
ments ; vos Terres dans les mains
d'autres nations, rapporteroient le
double : vous avez dejà fait faire
quelques progrés chez vous aux manufactures & au commerce , vous
donnez plus d'attention à votre agriculture : vous n'étes plus obligés de
vivre, comme vos ancétres , toujours les armes à la main ; de conf-
truire des châteaux fur des pointes
de rochers pour vous mettre à l'a-
bri du brigandage de vos voifins ;
vous n'avez pas fans ceffe des monf-

res à combattre pour défendre votre vie, celle de vos Femmes & de vos Enfans ; vous n'avez plus des moeurs atroces à redouter ; vous rivez fous-un Gouvernement doux & paifible, & fous la protection des Loix. Vous ne jouiffez aujourd'hui de tous ces avantages, que parceque mille nouveautés ont été fuccef-fivement introduites dans vos moeurs, dans vos loix & dans vos ufages ; mais des nouveautés utiles. Le bon fens, la raifon, & l'expérience de plufieurs fiécles, veulent donc que vous examiniez, non fi ce qu'on vous propofe eft nouveau, mais fi l'on vous préfente des vérités utiles. Car il faut que vous admettiez encore beaucoup de nouveautés, fi vous voulez que votre agriculture, votre induftrie & votre commerce faffent des progrés ; fi vous voulés être riches & puiffants en proportion de l'étenduë & de la richeffe naturelle de votre territoire.

Nous propofer la fuppreffion des Corvées, c'eft vouloir ruiner nos terres.

On vous propofe un équivalent en fruits, qui en doublera tout au

moins

moins le revenu. Confultez - en fans préjugé le calcul dans ce qui fuit. Vous verrez en même tems cet équivalent à régler de gré à gré entre vous & vos fujets.

Nos fujets, dit - on encore, s'y refuferont (*a*). Celà peut fe trouver en quelques endroits. C'eft à la juftice & à la prudence des Seigneurs à vaincre cet obftacle. Il arrive fouvent qu'il faut faire le bien du païfan malgré lui. L'exemple, s'il eft une fois établi, levera généralement cette difficulté (*b*).

Autre objection. N'aïant plus de corvées, quels moyens aurons - nous pour faire cultiver nos Terres ?

Vous aurez des moïens bien fupérieurs aux corvées pour faire valoir vos terres. Ils font expliqués ci - après.

L 3

II.

(*a*) La plupart des Seigneurs ne parlent jamais à leurs fujets ; & leurs officiers leur perfuadent que leurs fujets ne veulent point s'abonner pour les corvées, parceque ces officiers ont mille moïens de tourner l'ufage des Corvées à leur bénéfice perfonnel au détriment de leurs maitres.
(*b*) Voïez ce qui fuit.

Il faudra faire des avances, &
peu de Seigneurs font en état d'en
faire.

Cette difficulté eft encore prévue.

On vous propofe de faire cultiver vos terres, comme le font celles des païs où il n'y a point de corvées, où les terres rapportent beaucoup plus du double que les vôtres,
par cette feule raifon, qu'elles ne
font pas cultivées par des Corvées:
& on ne vous propofe d'autre loi à
fuivre que celle que vous dictera votre intérêt, qui doit être la mefure
de votre conduite.

Les communes compofées des
Marchands, des *Fermiers* (a) & des
Artifans, font, dit M. Hume, véritablement la gloire de l'Angleterre.
Les richeffes de ces Ordres infé-
rieurs, dépendantes de la liberté &
de leur induftrie, donnent l'avantage à l'Angleterre, par - deffus toutes
les nations du monde exiftantes aujourd'hui ou dans l'hiftoire.

L'agriculture élevée & entretenue
dans un état floriffant par l'induftrie

&

(*a*) Cette dénomination comprend tous les
cultivateurs:

& le commerce, étoit la vraïe & l'u-
nique fource de la profpérité dont
M. Hume fait un fi grand éloge, &
que l'Angleterre montroit dans fes
beaux jours. Cette bafe naturelle de
la puiffance fans ceffe dégradée aujourd'hui par l'excés des impots, la
nation s'éloigne néceffairement tous
les jours de cet état de profpérité.
Si l'on jette les yeux fur l'induftrie
domeftique qui fertilife une Monarchie par l'amélioration des terres &
des beftiaux, on connoitra les limites des richeffes des manufactures &
du commerce. Elles feront détermi-
nées par l'étenduë & la nature des
productions nationales : ces richeffes naturelles d'une nation agricole,
ne fauroient être remplacées par celles d'un commerce des productions
étrangeres. C'eft cependant ce que
l'Angleterre s'efforce de faire depuis
plufieurs années. Elle veut remplacer la richeffe naturelle de fon propre fonds, que l'excés des impots a
détruite, par un commerce précaire,
par le commerce d'économie.

On ne fauroit trop répéter les vérités utiles, & de toutes les vérités
utiles, la plus intéreffante en matie-

L 4

re

re de politique & d'économie d'Etat,
eſt que l'agriculture eſt chez toute
nation agricole la premiere & la
principale ſource de la proſpérité, de
la force de l'Etat & du bonheur du
Souverain. C'eſt cette vérité deve-
nue ſi ſenſible de nos jours à tous
les Souverains, qui a produit un ſi
grand nombre d'inſtitutions, qui re-
pandent ſans ceſſe de nouvelles lumieres ſur l'art de cultiver la terre,
qui a fait naître l'idée de diviſer &
de cultiver les communes. Ces moyens emploïés avec tant de ſoins
pour relever l'agriculture, qui eſt généralement mauvaiſe preſque dans
toute l'Europe, ne ſauroient produire que peu d effet, tant qu'on négli-
gera ceux qui donnent des bras à la
terre & du courage aux cultivateurs. Parmi ces moïens, le premier, le plus important, le plus in-
téreſſant pour l'humanité, & en même
tems celui ſans le quel il n'y a aucun ſecours à attendre de tous les autres qu'on pourroit emploïer; c'eſt
la ſuppreſſion de l'uſage des corvées
& de l'excés ou de la forme de l'impot territorial.

L'u-

L'ufage des corvées furtout, détruit fans ceffe les premiers principes
de la profpérité nationale. Il eft impoffible d'indiquer le moindre bien,
le plus leger avantage refultant des
corvées ; & fi l'on fait attention à
tous les maux que cet ufage produit,
on les trouve infinis: & l'on ne fauroit dire à qui il eft le plus nuifible,
fi c'eft aux hommes qui doivent la
corvée, à ceux qui l'exigent,
ou à l'Etat. Les premiers font réduits aux confommations du plus rigoureux néceffaire; mal nourris, mal
vétus, & énervés dès l'enfance par
le travail le plus pénible, l'âge des
forces eft pour eux celui de la foibleffe & des infirmités. Il ne faut
qu'avoir l'ame fenfible pour fe former
de leurs familles & de l'intérieur de
leurs chaumières, le tableau le plus
vrai & le plus touchant. Les Seigneurs ne recueillent pas la moitié
des fruits que leurs domaines devroient leur donner, & l'Etat eft
privé de plus de la moitié de
la fomme de productions naturelles & d'induftrie, & de plus de la
moitié de la population qu'il devroit
avoir, conféquemment de plus de la

 moi-

moitié du nerf & des forces qu'il devroit tirer de la ſituation, de l'étenduë & de la bonté de ſon territoire.

Si le premier beſoin des hommes eſt de vivre, l'art qui les nourrit eſt le premier de tous les arts. Les hommes qui s'en occupent, forment donc dans l'ordre de la Société, la claſſe la plus néceſſaire & la plus utile. Cependant toutes les autres claſſes des Citoyens ont des prétentions ſur celle des cultivateurs, qu'elles font valoir presque toujours avec excés, & celle - ci n'en a ſur aucune. Devroit - elle être la plus mépriſée & la plus malheureuſe? L'agriculture, cet art de premier beſoin, n'eſt pas conſidéré, il n'eſt pas encouragé par des diſtinctions honorables : il ne doit pas l'être, parcequ'il n'exige que peu d'intelligence de la part des hommes qui l'exercent, & qu'il ne demande que des bras ſains & robuſtes. Ces bras exiſtent-ils dans l'indigence ?

N'eſt - il pas injuſte & inhumain que les prétentions des autres claſſes de la Société privent celle-ci, qui eſt leur mére nourrice, qui eſt celle
de

de l'Etat, d'une partie de sa subsistance ; que ceux qui rendent la terre fertile , soient privés du droit d'y prendre leur nourriture, & ne puissent obtenir par le travail le plus rude, le plus constant & le plus indispensablement nécessaire à l'entretien de la société, qu'une existence malheureuse ? Si vous étes insensible à la misere, à l'oppression sous le poids de laquelle vos cultivateurs gémissent & succombent, ouvrez du moins les yeux sur la destruction de la source de votre richesse & de votre propre bien-être. Cette source est dans leurs bras, & vous les détruisez.

Le laboureur vous demande le nécessaire, & son nécessaire est d'avoir de quoi nourrir un pére, une mére accablés d'infirmités ou de vieillesse, des enfans dont les bras encore foibles ne peuvent lui être utiles, une femme enceinte ou nourrice d'un nouveau sujet de l'Etat, de quoi faire à la terre les avances que la réproduction exige, de quoi soutenir une année de stérilité ; enfin de quoi se procurer & à sa famille au cas de maladie, les soulagemens & les se-

cours

cours dont la nature a befoin. Eft-
il jufte! eft il humain, qu'il ne puiffe obtenir ce néceffaire fur les pro-
dućtions de la terre qui font les fruits
de fes veilles, de fes fueurs & de
fon fang? au nom de l'humanité,
n'eft - ce pas là la premiere deftination
des produits de l'agriculture? Et cette deftination n'eft - elle pas facrée?
Elle eft cependant fréquemment violée
cette deftination, par vos droits de corvées, par vos divers droits feigneuriaux, par les prétentions de vos officiers, jointes aux contributions indif-
penfables que demandent les charges
publiques. Ce font ces droits accumu-
lés, exigés furtout dans une forme
ou vicieufe ou trop rigoureufe, qui
obligent fouvent votre peuple cultivateur de s'écrier en gémiffant:
„ Tous mes maux ne me viennent
„ que de ceux que je paye pour m'en
„ garantir „ En effet tous ces droits
multipliés, que vos cultivateurs vous
payent, font les titres facrés du droit
qu'ils ont à votre pıotećtion.

Si par un nouvel ordre dans l'adminiftration de vos terres, fi par
un arrangement économique, formé
fur de nouvaux principes, vous pouvez

vez affurer leur néceffaire à vos laboureurs, & répandre l'aifance & la
joie dans leurs chaumiéres, vous re-
fuferez vous à cet acte d'humanité fi
touchant pour des ames nobles &
fenfibles ? La propriété feule de votre terre vous fait un devoir facré de
cet acte d'humanité.

Le fujet, dit-on, tient fa terre
du Seigneur, & c'eft-là le titre légitime de tous fes devoirs.

Transportons-nous un moment
à la naiffance des premieres fociétés.
Que voïons-nous? la furface entière
de notre globe appartenant à tous
les hommes par *indivis*, comme à
tous les autres animaux rélativement
aux facultés qui leur ont été impri-
mées par la nature. Conçoit-on
qu'en cet état, qui eft fans contredit
l'état primitif du genre humain, les
propriétés particulieres aïent pu s'acquérir & les titres fe former autrement que par l'occupation permanente & par les défrichemens ? C'eft
alorsque la loi *primo occupanti* a eu
fon effet dans toute fa plénitude.
L'induftrie plus ou moins recherchée,
s'eft formée & s'eft élevée immédiatement à côté de la culture des terres,

res, & dés l'inſtant le cultivateur &
l'homme induſtrieux ſe ſont donné
par des échanges leurs beſoins re-
ſpectifs.   Les ſociétés formées , le
beſoin naturel de protection & d'ouvrages publics a manifeſté dans le
moment le beſoin indiſpenſable de la
contribution , dont l'égalité a été
dictée par la loi naturelle.   La même
équité a voulu impérieuſement que
chaque   membre   de   la   Société ,
propriétaire de terres, cultivateur ou
induſtrieux , ait contribué ſuivant ſes
facultés à tous les frais de l'entretien
de la Société.   Que la contribution
ſe ſoit faite entre les mains d'un chef,
ou de pluſieurs répréſentans, il importe peu : quiconque a eu de quoi
contribuer, a du païer ſa cotte - part
au dépot public , ſous les ordres ou
la direction de ces chefs. Voilà le titre du Souverain, le titre de l'impot
dans l'ordre naturel des Sociétés ;
voilà le droit public de toutes les
nations à l'égard de l'impot , & ſon
origine.   Il eſt encore aujourd'hui le
même , & les beſoins déterminent ſon
étenduë.

Les Seigneurs qui voudroient aſ-
ſimiler le titre de leurs droits à celui

de

de la contribution aux charges publiques, feroient dans une grande erreur. Leur titre n'a point d'autre
fondement, qu'une loi arbitraire du
Gouvernement féodal ; & cette loi
tire bien plus fa force de la poffeffion
de plufieurs fiécles, que de l'équité
naturelle, qui n'a eu que peu ou
point de part à la législation féodale.
Dans les tems un peu plus éclairés
qui ont fuivi la chute de l'empire
féodal, on a fenti qu'il falloit un
titre aux droits feigneuriaux, la feule partie confervée de ce gouvernement oppreffeur, pour les légiti-
mer aux yeux de la raifon & de l'é-
quité. La jurisprudence a fuppofé
univerfellement une conceffion de la
part des Seigneurs. Il faut croire
aujourd'hui à cette conceffion, puisque l'ufage de plufieurs fiécles en a
fait une partie de notre droit public.

Mais cette conceffion accompagnée de charges onéreufes, ne renfer-
me-t-elle pas naturellement & de
droit, l'obligation de faire jouir, de
conferver, de protéger? Si le païement des devoirs ou la forme du païement, rendent la jouiffance impoffible, imparfaite, ruineufe ou def-
tru-

tructive, n'en refulte-t-il pas trop d'avantages d'un côté dans le contract, & une léfion énorme qu'il faut réparer? Car tous les engagemens de la Société font réciproques par leur nature. Il n'eft pas poflible de fe mettre au-deffus de cette loi fans renoncer à fes avantages, & perfonne nedoitrien à quiconque prétend ne rien devoir à perfonne.

La loi des devoirs feigneuriaux ceffe donc d'être une loi & en perd le caractère dans tous les cas où fon exécution la rend deftructive du bien-être ou de la fubfiftance des fujets. Dans ce cas on lui fubftitue la tyrannie ou l'oppreflion. Cette loi confifte dans un contract conforme à tout contract *fynallagmatique* ; c'eft-à dire, qui contient cet engagement entre le Seigneur & le fujet, *do ut des*, engagement refpectif, fans lequel il ne pourroit exifter ni loi ni contract. Ici l'exécution du contract eft presque entiérement entre les mains d'un feul : le Seigneur aïant l'autorité exécutrice, l'abus le plus deftructif accompagne facilement de fa part, ou de la part de fes officiers, l'exécution de ce contract.

Il

Il ne s'agit pas ici de détruire l'exécution de ce contract, mais de supprimer, en donnant une forme nouvelle à son exécution, les abus qui en résultent, qui font un obstacle invincible à la bonne culture, qui appauvriffent la population, produifent l'indigence & la mendicité, abus également ruineux pour l'Etat & pour les Seigneurs (*a*).

Quel contrafte dans nos moeurs, nous préfentent toutes ces inftitutions politiques pour fecourir les pauvres, tous ces afyles fondés pour l'indigence, tous ces aziles publics élevés à grands frais pour loger la mendicité ! Nous portons nos regards avec refpect fur tous ces monumens élevés par l'amour de l'humanité, pendant que nous nous occupons fi peu des moïens d'empêcher les hommes de devenir pauvres, & que nous accumulons au contraire tous les jours les moïens de les appauvrir.

M   Par-

(*a*) L'efclave qui cultive, doit être le colon partiaire du Maitre. Il n'y a qu'une Société de perte & de gain qui puiffe reconcilier ceux qui font deftinés à travailler, avec ceux qui font deftirés à jouir. **M.** de *Montesquieu* dans l'Efprit des loix.

Parmi les caufes deftructives, parmi celles qui multiplient les pauvres,
l'ufage des corvées eft la premiere &
la plus générale dans une très grande partie de l'Europe. Elle attaque
le germe de la réproduction, la racine des fruits, les principes de vil
de toute la population. Il faudroit
entrer dans de trop grands détails,
fi on vouloit former un Tableau
exact de l'ufage des corvées dans
tous les Etats, où il a lieu, & de
tous les droits feigneuriaux qui tombent fur les cultivateurs : cet ufage
n'eft point uniforme. Mais pour en
avoir une idée & être fenfible à la
néceffité de le fupprimer, il fuffit de
s'arrêter à un exemple de corvées
pris dans l'un des *Comitats* de la
Hongrie, dans celui des Etats de
l'Europe dont les peuples gémiffent
fous le poids des corvées, où ce
poids eft le moins onéreux.

Une conceffion entiére confifte en
18 arpents de terres labourables,
une maifon, un jardin & 6 journées de
prairie.

§. 2. Exemple d'une conceffion, qui eft ce qu'on appelle un payfan entier.

L'arpent des meilleures terres
contient 1100 toifes quarrées; celui
des terres moyennes 1200, & celui
des moindres 1300. Une

Une journée de pré eſt l'étenduë qu'un homme eſt reputé pouvoir faucher en un jour, & donne communément un chariot de foin. Une journée peut être evaluée à 600 toiles quarrées.

Un païſan poſſeſſeur d'une conceſſion entiere, laboure chaque année 12 Arpens de terre & en laiſſe 6 en repos. Un arpent donne communément 10 *croix*; une *croix* contient 17 gerbes en quelques endroits, & en d'autres jusqu'à 20. On évalue communément une *croix* à une meſure, & cette meſure à 1. Fl.

Conſéquemment un païſan poſſeſſeur d'une conceſſion entiere ſeme 24 meſures à raiſon de 2 par arpent, uſage général & partout uniforme, & ces 24 meſures lui rendent année commune 120 meſures.

Sur ce produit il faut déduire 1°. 12 meſures pour la dixme: 2°. 24 meſures pour les ſemences. Ces déductions forcées étant faites, ſa récolte eſt réduite en tout à 84 meſures. Il faut compter la maiſon, le foin & la paille pour des moiens ſeulement emploïés à mettre en valeur les terres labourables. Conſéquem-

ment

ment ce produit ſe trouve compris dans la recolte de 84 meſures, la dixme & les ſemences prélevées. Il faut déduire enſuite ſur ces 84 meſures, les charges publiques qui ſont :

1°.30 Kreutzers par arpent de terres labourables : par conſéquent la conceſſion entiere païe - 9. Fl. (*a*)

2°. Le païſan païe pour ſes beſtiaux ſavoir une paire de boeufs - - - 1. 30. Kr.

   pour deux chevaux 1. 30.

   pour deux vaches - 1. --

   pour quatre cochons 1. --

   3°. pour ſa capitation 1. 30.
                    15. 30.

Un païſan poſſeſſeur d'une conceſſion a beſoin de cette quantité de beſtiaux pour vivre & tenir ſa conceſſion en valeur. Il ne païe rien pour les vignes ni pour les prés.

Il faut donc réduire la Recolte du païſan poſſeſſeur d'une conceſſion entiére montant à 84 meſures les ſemences & la dixme déduites, à ſoixan-

---

(*a*) Il y a des pays où un payſan entier paye 20. Fl. d'impot.

xante huit mefures & demi; parceque la mefure comptée à un Florin, prix ordinaire, les 15. Fl. 30. Kr. de contribution ci-deffus font quinze mefures & demi à déduire de 84 mefures. Il reftera donc au païfan poffeffeur d'une conceffion entiere, en argent 68. Fl. 30. Kr. en fuppofant la mefure à 1. Fl. prix commun généralement le plus haut, & en fuppofant les grains de Mars au même prix.

La contribution du païfan, poffeffeur d'une conceffion entiere, n'eft pas bornée à cette fomme de 15. Fl. 30. Kr. Sur les 68. Fl. 30. Kr. qui lui reftent, il doit encore païer des contributions arbitraires pour des charges locales ou pour remplacer des non-valeurs, qu'on eftime, le moins, à 6. Fl. ce qui réduit fa recolte à 62. Fl. 30. Kr.

Sur ce produit le païfan doit païer à fon Seïgneur, 1°. la none, convertie en beaucoup d'endroits en argent & fixée à 4. Fl. & d'autres droits en argent montant enfemble à 6. Fl. 45. Cette fomme déduite fur les 62. Fl. 30. Kr. il ne lui refte que Fl. 55. 45. Kr. ou 55 mefures & 3

 quarts

quarts de grain, pour subsister toute
l'année avec sa famille.

Pour que cette quantité de grains
lui reste, il faut supposer qu'il peut
toujours vendre son grain à 1. Fl. ce
qui arrive rarement; parceque tous
les païans étant pressés en même
tems de vendre pour païer leurs
contributions, avilissent eux - mêmes
le prix des grains, par leur concurrence, & sont par - là obligés de vendre quelque fois une si grande quantité de mesures pour faire l'argent
nécessaire au païement de leurs contributions, qu'il leur reste à - peine du
pain pour l'année ; en sorte que s'il
survient au paisan la moindre dépense extraordinaire, soit pour une maladie, soit pour ses bestiaux, soit
pour sa maison, enfin un incendie,
une inondation, une grêle ou une
mauvaise année, il est réduit à l'extrême indigence

2°. Il doit encore à son Seigneur
52 corvées à 4 boeufs ou chevaux,
& à deux, s'il n'en a que deux.
Sa corvée à raison de 30. kr. est gé
néralement estimée 26. Fl. Il doit
encore la quatrieme partie d'une voi-
ture lointaine estimée 2. Fl. 30. kr.

&

& une corvée pour emmener du bois de la forêt, eſtimée 48. cr. en ſorte que ſes redevances & la valeur de ſes corvées déduites, le produit de ſa conceſſion ſe trouve réduit à 26. Fl. 27. kr. Il doit encore des corvées arbitraires pour le ſervice public.

Telles ſont les charges publiques & ſeigneuriales, qui ſont dues par les païſans dans la partie de l'Europe où ils ne doivent à leurs Seigneurs qu'une corvée par ſemaine ſans être ſerfs.

Cependant il eſt évident par ce tableau d'impots, de charges publiques & de droits ſeignécuriaux, qui tombent ſur le païſan poſſeſſeur d'une conceſſion entiére, c'eſt-à-dire ſur celui qui doit être le plus à ſon aiſe, que ſa conceſſion, attendu la mauvaiſe culture actuelle, ne ſauroit ſuffire à païer ſes charges & fournir à ſa ſubſiſtance, qu'il lui reſte à-peine du grain pour avoir du pain toute l'année. Sa reſſource pour obtenir une ſubſiſtance malheureuſe, conſiſte dans ſes plantations de blé de Turquie & de choux, dans l'entretien de quelques beſtiaux, des

 oïes

ŏies & des cochons ; & c'eſt-là ce qui lui rend précieuſes les pâtures communes. Or ſi le païſan jouiſſant d'une conceſſion entiére, trouve ſi difficilement dans ſon travail, des moïens de ſubſiſtance; quel doit être l'état de celui qui n'a que la moitié, le quart, ou moins encore, d'une conceſſion? Quel doit être à plus forte raiſon l'état d'un païſan jouiſſant d'une pareille conceſſion, en même tems ſerf & ſoumis à la corvée illimitée? On voit cette eſpece de bien accompagnée de tant de mal, qu'on ſeroit tenté de préférer l'état du païſan, qui n'a pour tout bien que ſes bras & ſa liberté.

(*a*) Les pâtures communes ſont aſſés généralement regardées en Europe comme un abus. On a entrepris de les ſupprimer en beaucoup d'endroits. L'Angleterre en a donné l'exemple, & s'en eſt bien trouvée. Mais ſi on les ſupprimoit aujourd'hui généralement & rigoureuſement dans la plus grande partie de l'Europe, attendu l'excés des impots & l'uſage des corvées, on reduiroit preſque tous

-----

(*a*) On trouvera ci-après le partage des communes traité plus on détail.

tous les païfans dans la plus grande
indigence. Il eft certain cependant
que l'intérêt public demande que ces
vaftes pâturages communs foient divifés & mis en bonne culture. Mais
tant que la mauvaife culture intro-
duite & entretenue par l'ufage des
corvées, ou par l'excés des impots, ou
par les deux enfemble, fubfiftera; tant
que cette fervitude ou l'impot feront
tomber les bras des cultivateurs, & les
tiendront hors d'état de donner une
culture paffable à leurs poffeffions actuelles; quels fruits peut-on attendre
de la divifion des communes ordonnée
dans plufieurs Etats? Sur quel principe ofe-t-on fe flater d'en voir le
défrichement ? Avant de penfer à
former un réglement général qui
tourne ces pâturages au plus grand
avantage des fujets & de l'Etat, il
faut fubftituer un équivalent à l'ufage de cette forme deftructive & meur-
triere d'exiger des fujets toutes les
charges auxquelles ils font foumis.

Il eft aifé de comprendre que des
terres mêmes qui font les meilleures
de l'Europe, fous un heureux climat, qui ne rendent que 4. ou 5. pour
1. font mal cultivées. De femblables

ter-

terres cultivées fuivant la méthode la plus connue, par des mains libres, ou moins efclaves, rendent de 12. à 15. & jufques à 20. pour 1.

Les labours fuperficiels, l'abus des jachères, l'exiftence des mauvai-fes herbes qui dévorent la moitié des recoltes, & qui ne peuvent être détruites que par des labours fré-quents & profonds, la mauvaife cul-ture en tous fens, & les recoltes médiocres qui en font le fruit né-ceffaire, n'ont point d'autre princi-pe & d'autre caufe que l'ufage des corvées.

J'ai examiné plufieurs grandes terres en Autriche appartenant au même Seigneur, j'ai trouvé dans l'une de ces terres, les corvées abonnées à un bon prix pour le Seigneur & pour les fujets, & le domaine du Seigneur affermé à la communauté des païfans qui fe le font divifé entre eux. Par ce nouvel ordre d'économie, cette terre qui ne rapportoit que 7000. fl. de revenu, en rapporte 10000. Les païfans paient très - exactement le prix de leurs corvées & celui de la ferme, & font tous à leur aife. Il n'eft pas

dif-

difficile de voir à quoi l'on doit attribuer cette augmentation de produit
de près d'un tiers, fans compter le
bénéfice, que le païfan trouve fur la
ferme, qui conftitue l'aifance dont il
jouit.　Cette différence de produit
n'a d'autre caufe, que l'efprit de
propriété, qui anime la culture des
païfans.　Cette culture n'eft cependant pas ce qu'elle feroit, fi les païfans étoient inftruits par l'exemple.

La réproduction des beftiaux y eft
groffiérement négligée : une vache
n'y donne qu'une demi-livre de beurre
par femaine.　Le pâturage confifte
dans une commune très éloignée,
qui par la bonté de fon terrain & de
fon étendue, vaut l'un des meilleurs
prædia de la Hongrie.　Les labours
y font trop fuperficiels: car la terre
y a beaucoup de fonds, & s'y trouve d'une excellente qualité ; & l'a-
bus des jachères y exifte comme partout ailleurs.　Il eft donc évident que
cette terre cultivée aux fraix du Seigneur fuivant la bonne méthode univerfellement connue, au lieu d'une
augmentation d'environ un tiers de
productions, rendroit plus du double.
On

On ne rapporte point ce fait comme un exemple à imiter, mais comme une preuve frappante de tout le mal que produit l'usage des corvées, & des avantages immenses pour les sujets, pour les Seigneurs & pour l'Etat, qui résulteroient de la suppression de cet usage.

On trouve dans l'Empire d'autres exemples, mais en petit nombre, de corvées abonnées par des Seigneurs qui s'en trouvent bien, ainsi que leurs sujets ; & ces Seigneurs s'en trouveroient infiniment mieux, s'ils avoient porté leur attention jusques à une conversion des corvées en un équivalent en fruits, au lieu d'un abonnement en argent.

Dès l'origine des corvées, il étoit naturel aus païsans de ne faire un travail ingrat & forcé, que le plus legérement qu'il leur étoit possible, pour ménager leurs bras & leurs bestiaux. Pour cet effet ils ont donné originairement à leurs charrues, une forme qui ne peut attaquer que la superficie du terrain, & ont porté ainsi sur leurs propres fonds la même

mé-

méthode de labourage (*a*). De-là
eſt né dans la ſuite le préjugé groſ-
ſier, qu'audeſſous de trois ou quatre
doigts la terre eſt infertile. Ce préjugé eſt presque général dans tous
les Etats ſoumis à l'abus des corvées.

La converſion des corvées en un
équivalent en fruits eſt l'unique
moïen de ſupprimer cette mauvaiſe
culture : une journée païée par le
Seigneur, lui ſera plus utile que
quatre corvées. Ses terres ſeront
bientôt miſes en une bonne culture,
& le païſan devenu propriétaire de ſa
terre, de ſa perſonne & de ſon travail, l'imitera promptement. En
ſubſtituant en même tems à tous les
droits qui ſe païent en argent, un
équivalent en fruits, le païſan & le
Seigneur ſeront délivrés d'une tierce
main dont les abus oppriment ſans
ceſſe le païſan, & appauvriſſent le Seigneur (*a*)

§. 2.
Conver-
ſion des
corvées
en un
équiva-
lent en
fruits.

II

(*a*) Il y a des terres qui ont peu de fonds,
 qui exigent des labours peu profonds. On
 ſupplée à la bonté des labours profonds,
 par les labours fréquens & par les engrais.

(*a*) On reviendra dans la ſuite ſur la converſion de toutes les charges en un équivalent en fruits.

Il est une classe d'hommes dans tous les païs soumis à l'usage des corvées, dont toute l'industrie consiste à s'enrichir aux dépens des sujets & des Seigneurs.

Ces hommes, dont l'existence n'a été jusqu' à présent que nuisible à l'Etat, seront forcés d'être utiles, par la conversion des prestations personnelles & en argent en un équivalent en fruits. Ils ne seront plus occupés que d'une économie légitime & utile, parceque l'occasion & les moïens d'abuser de la confiance ou de l'absence des Seigneurs & de la situation des sujets, pour s'enrichir, n'existeront plus.

Dans l'état actuel, peu de Seigneurs sont instruits des détails de l'administration de leurs terres, ou en état d'y veiller, & de concilier la perception de leurs droits avec la justice & la protection qu'ils doivent à leurs sujets, d'où dépend la conservation ou l'amélioration de leurs domaines. La plûpart des Seigneurs ont livré l'administration de leurs terres à des officiers avec un pouvoir prèsque égal au leur: & cette confiance est la source d'un détail infini

d'abus

d'abus également ruineux pour les sujets & pour les Seigneurs. On pourroit les comparer aux financiers, qui par des voies secretes ruinent le peuple & le Souverain. Ils savent profiter de la liberté qu'ils ont d'exiger les corvées pour en forcer le rachat à leur profit, ou ils les distribuent si mal, qu'on trouve quelque fois au tems de la recolte, des fruits sur les terres des Seigneurs perdus par le défaut de voïtures, parceque les corvées ont été rachetées mal à propos par les officiers. Mais on trouve plus souvent encore des sujets qui ont été forcés par les corvées exigées en trop grande quantité au tems de la recolte, de laisser périr une partie de leurs fruits dans la Campagne. Il n'est pas rare de voir des tas de gerbes pour des sommes immenses dans le mois de Septembre, non seulement germées sur les champs, mais en herbe, parceque les corvées n'ont pas laissé aux païsans le tems de les enlever à propos. Les païsans redoutent trop le pouvoir des officiers, pour oser user du droit qu'ils ont de se plaindre.

Les

Les abus que les officiers commettent dans la perception de ce que les païsans doivent en argent, ne font pas moins onéreux aux Seigneurs & aux fujets. Lorsque les fujets ont païé leur contribution aux charges publiques; leurs reffources pour fe procurer de l'argent, deviennent difficiles; la plûpart ont befoin de tems & d'être traités avec douceur. C'eft alors que les officiers les preffent & leur font craindre l'exécution qu'ils favent leur rendre redoutable; & qu'ils en exigent des préfents. Ils accordent des délais à ce titre onéreux: & ces délais répétés & toujours obtenus par des préfents, il arrive enfin que les fujets païent à la longue aux officiers ce qu'ils doivent aux Seigneurs, qui ne recoivent rien, & que les fujets doivent encore la même fomme. En un mot ils païent fans fe libérer. C'eft-là une des grandes fources des richeffes de plufieurs officiers, & des vexations qu'ils font éprouver aux fujets.

Il eft évident que la converfion de tous les droits feigneuriaux en un équivalent en fruits feroit ceffer tous ces abus deftructifs, ruineux pour

les

les sujets, pour les Seigneurs & pour l'Etat. L'officier pourroit abufer encore de la confiance de fon maître dans la vente de fes productions, dans la conduite de fes procés, dans les frais, dans les dépenfes journalieres de culture. Mais il ne pourroit plus s'enrichir aux dépéns des fujets, ce qui eft l'abus qu'il importe le plus à l'Etat de faire ceffer.

Il eft naturel que tant abus faffent tomber les bras aux peuples cultivateurs. Des hommes traités ainfi, doivent fuccer le découragement avec le lait: il doit être héréditaire.

Des cultivateurs foumis à la corvée, pour peu que l'impot foit devenu exceffif, font hors d'état de foutenir une année de difette. Ils doivent être forcés de laiffer une partie de leurs terres incultes, ou de les abandonner tout-à fait: ils doivent s'expatrier ou périr, s'il furvient une année de ftérilité (*a*).

§. 4. Calamités & deftruction refultant de l'ufage des corvées & de l'excès des impots, à prévoir & à prévenir.

N Cet-

(*a*) Lorfque, dans une Monarchie la nobleffe fait cultiver les terres à fon profit par le peuple, il faut encore que la redevance ne puiffe augmenter. De plus il eft bon que le Prince fe contente de fon domaine & du fervice militaire. Mais s'il veut le-

ver

Cette situation demande alors à l'administration deux sortes de secours, qu'il est très - important de bien distinguer. Le premier est de donner du pain aux sujets qui en manquent. Mais si l'on s'arrête uniquement à l'idée d'un mal momentané & d'un secours momentané, on n'applique qu'un demi remède au mal; parce qu'il ne s'agit pas seulement de secourir ces peuples par un approvisionnement de grains qu'une mauvaise recolte n'a pu leur fournir; mais de prévenir une disette permanente, une disette indépendante d'une bonne ou mauvaise année. Toutes les années sont des années de stérilité chez un peuple agricole, qui ne cultive point ou qui cultive mal.

Il faut attaquer par un second Secours les causes destructives de l'agricultnre, causes qui se fortifient tous les ans, qui bientôt deviennent

in-

---

ver des tributs en argent fur les efclaves de la nobleffe, il faut que le Seigneur foit garant du tribut, qu'il paye pour les efclaves & qu'il le reprenne fur eux : & fi l'on ne fuit pas cette régle, le Seigneur & ceux qui levent les revenus du Prince vexeront l'efclave tour à tour & le reprendront l'un après l'autre, jusqu'à cequ'il périffe de mifére, ou qu'il fuie dans les bois. *M. de Montesquieu*.

infailliblement, fi on les laiffe fubfifter, les caufes de la dépopulation,
de la défertion, de la ruine des Seigneurs, de la deftruction des finances & des forces de l'Etat. Il faudroit vouloir s'aveugler, pour ne pas
voir ces caufes très-rapides, fi la recolte eft manquée, dans l'ufage des
corvées & dans la forme de l'impôt
territorial, furtout fi cet impôt eft
exceffif.

Les corvées font un ufage ancien,
difent les Seigneurs, qui ne connoif-
fent rien de mieux que cet ufage:
& jusques à préfent nos fujets n'a-
voient point manqué du néceffaire.

Il n'en eft pas moins vrai, que
jusques à préfent les terres de l'Etat
n'ont pas rendu aux cultivateurs,
aux Seigneurs & au Souverain, la
moitié de ce qu'elles devoient produire, par le feul effet des corvées.
Il eft très-certain encore que l'effet
de cette mauvaife culture a été infenfible aux Seigneurs, parce qu'ils n'en
ont jamais connu de meilleure, &
que les cultivateurs accoutumés à
vivre avec le rigoureux néceffaire,
fe font foutenus par la force de la
loi de la néceffité, tant que l'impôt
territorial a été modéré. Mais dès-

que

que cet impôt a reçu quelque augmentation, il a attaqué la subfiftance du cultivateur. La deftruction que caufe ce nouveau poids, ajouté à l'ancien, n'a pas été apperçue, parcequ'elle eft progreffive. Ce n'a été d'abord qu'une lime fourde. Une mauvaife année a fait éclater le mal de plufieurs années. Pour foutenir une année de difette, les bras du cultivateur fe font affoiblis par de mauvais alimens, ou par le défaut de nourriture. Il manque enfin de beftiaux & de fémences.

Qu'on le nourriffe, qu'on lui donne des beftiaux & des fémences: il fera relevé; mais il ne le fera que pour un moment. Le mauvais état de fa culture caufé par les corvées, féra toujours tel, que l'impôt territorial attaquant fans ceffe fa fubfiftance, il cultivera toujours moins & toujours plus mal; & il s'établira ainfi une difette permanente à laquelle les fecours momentanés ne fauroient remédier. Les cultivateurs manquant de fubfiftance, vont en chercher dans d'autres païs; les émigrations qu'on ne fauroit arrêter par l'autorité des loix, fe multiplient

tous

tous les jours. Pour connoître l'é-
normité du mal, que caufent les émigrations des cultivateurs, vous n'a-
vez qu'à faire un calcul bien fimple.
Un bon cultivateur fait croître des
productions pour nourrir dix perfonnes; enforte que fi vous avez une
émigration de dix mille cultivateurs,
vous avez inceffamment cent mille
perfonnes dans votre population, qui
manquent de fubfiftance, ou des fubfiftances pour cent mille perfonnes
à exporter de moins à l'étranger.

Si vous faites garder vos frontié-
res avec une grande exactidude, vos
cultivateurs qui manquent de fubfiftances, reftent dans l'Etat, mais au
nombre des mendians. La dépopulation & la perte de l'induftrie fuivent
néceffairement la difette permanente,
établie par le concours des corvées
& de l'excès de l'impôt.

C'eft cette difette permanente,
qui eft fi fenfible en France & en Angleterre depuis la derniere paix, qui
s'y eft établie par l'excès des impôts; excès qui auroit entiérement
ruiné la population de ces deux Royaumes, fi cet excès étoit tombé fur
des peuples dejà appauvris & oppri-

més

més par les corvées. Dans ce cas
les secours momentanés ne font que
calmer les transports de la fiévre,
& ne la guérissent pas. Il faut appliquer un reméde à la racine du
mal.

Il ne s'agit pas ici de faire des
loix ; mais de subtituer de gré à
gré, par la voïe de la négociation
& de l'instruction, un bon usage à
l'abus le plus destructif, le plus funeste pour les peuples, pour les Seigneurs & pour l'Etat. L'intérêt des
Seigneurs est ici le premier & le principal agent à emploïer. Et quel moment pourroit-on saisir plus favora-
ble pour les rendre sensibles à leurs
intérêts, pour les engager à se prê-
ter à l'instruction, & à concourrir
avec le Souverain, pour subtituer
un usage salutaire à un abus meur-
trier, que le moment où ils sont eux-
mêmes les victimes de cet abus, où
le Souverain soutient leurs fortunes
en secourant leurs sujets ? N'est-ce
pas là le moment, où il est le plus
facile au Souverain d'animer le zéle
des Seigneurs qui en ont, & d'en
donner à ceux, qui n'en ont pas ?
Car si le Souverain doit perdre une

par-

partie de ſes peuples & de ſes finances par les progrés de l'abus, ce qui
arrivera infailliblement, tant par la
mort, que par la déſertion, que deviendra la fortune des Seigneurs ?
Pourront-ils, dès qu'ils feront inſtruits, ſe diſſimuler que leur intè-
rêt eſt ici inſéparable de celui du
Souverain, & refuſer de concourrir
à la reſtauration de la patrie ?

Suppoſé que dans le cas de cette
calamité publique, on s'en tienne à
un ſecours momentané, ce qui eſt
aſſez généralement la ſeule idée dont
on s'occupe, qu'arrivera-t-il ? Le
principe de la calamité ſera toujours
le même. Le moment de cette calamité ſera promptement reproduit;
on aura dépenſé de grandes ſommes,
les Seigneurs & le Souverain auront
perdu une partie ou la totalité de
leurs revenus, & il faudra renouveller continuellement cette dépenſe
& cette perte. Cependant la deſtruction de la population & de l'induſtrie ne ceſſera de s'accroître au point,
qu'il faudra bientôt s'occuper des
moïens de repeupler & de défricher.
Tels feront infailliblement les effets
d'une année de ſterilité ſur les peu-

ples

ples opprimés à la fois par les corvées & par l'excès des impots.

Si on veut ſupprimer ou réduire les corvées par une loi, il faut auparavent convenir des moyens que les Seigneurs peuvent employer pour faire cultiver leurs domaines, & établir ces moyens. Sans quoi tout eſt perdu: ces domaines reſtent en friche, les Seigneurs ſont ruinés, & la diſette augmente à l'excès

Une des maximes du Duc de Sully étoit que *le labour & le pâturage ſont les deux mammelles d'un Etat.* Cette maxime fut la baſe de ſon ſyſteme, & d'une adminiſtration, qui fit de la France, près de ſuccomber ſous le poids des plus grandes calamités, la Monarchie la plus floriſſante de l'Europe.

(*a*) „ L'agriculture eſt la baſe de la puiſſance : ce ſont les champs enſémencés, qui ſemblables à ceux de *Cadmus*, enfantent les armées; c'eſt dans les champs couverts d'épis que germe la victoire. Athenes & Rome déſiroient des guerriers & des ſavans. Sully pour faire fleurir la France, ne vou-

---

(*a*) **Eloge du Duc de Sully** par **M.** *Thomas.*

vouloit que des laboureurs, & des bergers. Il encourage ces hommes utiles ; il propose des récompenses à ceux qui mettront en valeur des terrains incultes; il va partout cher-cher des bras pour fertilifer les ter-res. Sa voix appelloit dans la France les huit cents mille maures que la fuperftition chaffoit alors d'Efpagne. Par un réglement fage il ga-rantit les gens de la campagne de l'oppreffion des gens de guerre. Il défend les cultivateurs contre un efpé-ce d'ennemis encore plus redoutable, contre ceux qui viennent au nom de la loi leur enlever au milieu d'un fillon, les boeufs, compagnons de leur travail, & jusques aux inftru-ments de labourage. Tout change; l'agriculture renaît ; les campagnes deviennent fécondes ; la douce joïe & la férénité reparoiffent fous les toits du laboureur. Alors la France avec un tiers de plus d'habitans, nourriffoit encore une partie de l'Eu-rope; alors fes blés inondoient l'An-gleterre, qui fe voïoit forcée de païer un tribut aux campagnes des François „.

N 5

L'a-

L'agriculture eſt bien plus ſuſcep-
tible d'une ſemblable revolution dans
les Etats où les peuples gémiſſent
ſous le joug des corvées & de l'excès des impôts, qu'elle ne l'étoit
alors en France.   Sully trouva la
France dévaſtée par quarante années
de guerres civiles, en proïe à tous
les malheurs qu'une autorité foible
& avilie peut introduire, l'Etat ac-
cablé de dettes, les finances livrées
à l'avidité des traitans, les plus
grands Seigneurs, les membres mêmes du conſeil des finances, intéreſſés
dans tous les traités; un monde d'ennemis du bien public, un torrent
d'intérêts perſonnels, entourroient
le Throne.   Sully ſeul animé par ſon
amour pour le bien & par l'ame tendre de ſon Roi pour ſes peuples, ſur-
monta tant d'obſtacles.

Prèsque tous les Etats opprimés
par l'uſage des corvées, ont éprouvé les maux momentanés d'une guerre étrangere (*a*) ; mais, ſi on en
ex-

(*a*) On ne parle point ici de la Pologne. Cet
Etat ne ſauroit devenir floriſſant & ſes
peuples heureux par la ſeule ſuppreſſion
des corvées & de l'eſclavage de la glebe.
Il

excepte les dettes, il n'y exiſte aucune des cauſes qui déſoloient la
France à l'avenement d'Henri IV à
la Couronne. Une heureuſe revolution dans l'agriculture de ces Etats
n'exige point le génie d'un Duc de
Sully : elle dépend principalement
des Seigneurs. Les encouragemens
que le Souverain pourroit donner,
ſon exemple ſeul, dans les terres de
ſon domaine ; ne ſauroient ſuffire
pour la produire ; & des loix pourroient faire beaucoup de mal & ne
produiroient que peu d'effet, ſi les
Seigneurs ne ſe portoient pas à ſe-
conder ſes vuës, à multiplier les exemples ; s'ils n'étoient pas ſenſibles au
plaiſir de changer en peu d'années
par de nouveaux ſoins ſur leurs terres, & par une adminiſtration nouvelle, la face entiére de l'Etat, en
rendant ſes peuples heureux, en doublant ſa force & ſes richeſſes. Leur
devoir l'exige ; en même tems leur
interêt perſonnel, & un grand interêt,
s'y trouve,

Grands

Il faudroit reformer ſa légiſlation, & changer la forme de ſon Gouvernement, ſans
cela un grand Roi ne peut faire que des
efforts impuiſſans.

Grands de l'Etat (& tous les Seigneurs font grands rélativement au peuple & à l'intérêt important dont il s'agit ici) votre état eft de repréfenter le peuple auprès du Souverain, & le Souverain auprès du peuple. Vous étes le point d'appui des forces de l'Etat, le lien de l'obéiffance & de l'autorité. C'eft dans ces principes, qu'aucun de vous ne peut méconnoitre, que vous devez voir tous vos engagemens envers les peuples & le Souverain, tous les devoirs de votre état. Le Seigneur qui paffe fa vie uniquement occupé de la dépenfe de fon revenu, des amufemens, des agrémens de la Société, qui laiffe tranquillement adminiftrer fes terres par fes officiers à leur gré, ou qui n'y veille que pour fon propre intérêt, remplit-il aucun des devoirs de fon état? Il s'avilit & fe dégrade ; tous les avantages dont il jouit, font un vol qu'il fait à la fociété. Se croiroit-il autorifé à confommer les fruits de fes terres dans l'oifiveté, fur le prétexte qu'il contribue à toutes les charges de l'Etat; qu'il païe l'impôt? Ce n'eft pas lui qui païe l'impôt à l'Ftat;

c'eft

c'eſt ſon bien qui le païe malgré lui:
s'il n'exiſtoit pàs, ſon bien ne païeroit pas moins l'impôt; un autre que
lui, ſeroit poſſeſſeur du même bien,
& païeroit l'impôt à ſa place. Ce
devoir n'eſt donc proprement qu'un
devoir réel, l'ame n'y prend point
de part. Je ſers, direz vous, dans
le civil ou dans le militaire. Vous
rempliſſez ſans doute tous les engagemens de votre emploi. Mais vous
n'en avez pas moins à remplir tous
les devoirs de Seigneur, ſi vous avez
des terres. Vous n'en étes pas moins
obligé de protéger vos ſujets, &
d'emploïer pour leur procurer de
l'aiſance, tous les moïens qui ſont
en votre pouvoir. Mais ſi par des
fonctions publiques, des Seigneurs
ſont quelque fois éloignés des ſoins
que demande la protection qu'ils doivent à leurs ſujets, & forcés ainſi
d'en négliger une partie, rien ne
peut juſtifier ceux, qui vivant ſans
emploi, n'ont pas le courage de s'en
occuper. Ce ſeroit une grande erreur de la part des Seigneurs, de
croire que pour ſervir l'Etat, il eſt
néceſſaire d'être emploïé dans les armées, dans les négociations, ou

dans

dans l'adminiſtration intérieure : un
Seigneur peut faire tout autant d'a-
ctes de bon citoyen , ſervir auſſi
bien la patrie & rendre autant de
ſervices à l'Etat & à l'humanité ,
dans ſes terres , que dans les emplois.

Croira-t-on que le Feld Maréchal comte de Mercy, occupé à
créer 23 villages de cultivateurs en
Hongrie , formant d'un déſert l'un
des cantons des mieux cultivés , des
plus peuplés & des plus vivants de
la Monarchie, ne s'occupoit pas auſſi utilement pour l'Etat, que lorsqu'il avoit les armes à la main pour
le défendre ? Ici il défendoit & dé-
truiſoit; & là il éd ꞏꞏoit, il s'occupoit uniquement d'une eſpèce de
création nouvelle : & cela valoit
bien la charrue tant célébrée, des Généraux de l'ancienne Rome.

Un Seigneur du Holſtein, ennemi
de la ſervitude & ami de l'humanité,
donna en 1739 à un païſan ſerf, des
terres en friche & déſertes en propriété. Il lui fit conſtruire une ferme, lui fournit des meubles, des
beſtiaux, des outils de labourage,
des vivres & des ſemences. Dans

moins

moins de cinq ans ce colon rembourfa
fon bienfaiteur, & fe trouva riche.
Depuis cette époque, le même Seigneur établit tous les ans une ou deux
fermes femblables, qui eurent le même fuccès. Il porta ainfi fucceffivement cet établiffement jusques à trente familles, qu'il rendit heureufes,
& qui d'un défert, firent un païs riche. Si un fimple particulier, qui
n'a que des terres & des facultés fort
bornées, a pu faire un défrichement
fi heureux; que ne feroient pas des
Seigneurs puiffans, animés par le
même zéle & par l'exemple du Souverain? Et quels fervices impor-
tans ne rendroient-ils pas à l'Etat &
à l'humanité?

Le Marquis de Turbilly, après
avoir fervi avec diftinction pendant la guerre terminée par le der-
nier Traité d'Aix la Chapelle, fe reti-
ra en Anjou, dans une terre, ancien
patrimoine de fes ancétres, qui rapportoit 6000 ₶ de rente. Cette terre contenoit un vafte terrein, dont
une partie étoit regardée comme un
défert ftérile, & l'autre étoit médiocrement cultivée, tant de la part du
Seigneur, que de celle des païfans,

qui

qui recueilloient à peine de quoi
païer les impôts & fe procurer le néceffaire phyfique : la plûpart étoient
mendians. Il entreprit de donner
l'exemple d'une bonne culture & des
défrichemens, à fes païfans ; & dans
moins de cinq ans, par des voïes
fimples & faciles, ce Seigneur fit un
prodige. Ses premiers fuccès ani-
merent d'abord fes païfans : il ajouta
à l'exemple, des prix pour les meilleurs cultivateurs à adjuger par la
communauté affemblée, qui confiftoi-
ent dans des Médailles d'argent de
6 ℔ tournois piéce : il en fit une
fondation perpétuelle. Sa terre fut
portée de 6000 ℔ à 18000 ℔ de revenu, & fes païfans augmenterent
le produit des leurs dans la même
proportion. Ce Seigneur publia fon
exemple & fa méthode dans un ouvrage fur les *défrichemens.* Cet exemple auroit fait faire de grands progrès á l'agriculture en France, s'il
n'avoit pas été contredit par l'excès
des impots. Ce fut lui qui inftitua
en 1761, la fociété d'agriculture de
Paris, dans laquelle le laboureur fe
trouve affis à côté du Prince, du
Miniftre, du Maréchal de France &

du

du magiſtrat, dans le rang que le Sort lui donne (a), & qui n'a d'autre principe & d'autre lien que l'amour du bien public. Qui oſeroit prétendre que ce Seigneur n'a pas rendu autant de ſervices à ſa patrie, que le plus grand nombre de ceux, qui l'ont ſervie dans les emplois civils ou militaires? & qui oſeroit encore blâmer un Seigneur qui préféreroit cette manière généreuſe & paiſible de ſervir l'Etat & l'humanité, & d'être ainſi le bienfaiteur de ſa patrie, à des emplois, qui donnent des appointements & un rang diſtingué dans la ſociété?

Les Seigneurs dans les emplois, dira-t-on, ſervent l'Etat. Et quels reproches n'auroient-ils pas à ſe faire, eux à qui l'Etat accorde une diſtinction honorable, & qu'il païe bien, s'ils le ſervoient mal! C'eſt parceque les emplois ſont accompagnés d'appointemens & d'honneurs, qu'ils ſont ſi recherchés, & que le public en général a fort peu de reconnoiſſance pour ceux qui les rem-

O

pliſ-

(a) On tire au ſort pour former tous les ans le tableau des aſſociés, parmi lesquels il y a des laboureurs.

pliffent. En effet la gloire d'avoir fervi l'Etat fans récompenfe, eft celle qui a vraîement droit à la reconnoiffance publique.

Le fentiment qui doit porter ici les Seigneurs à faifir cet efprit public, qui a fait faire ailleurs tant de progrès aux arts utiles, cet amour du bien qui voit l'enfemble d'une Monarchie, qui fe forme un tableau de fa profpérité, qui s'occupe de l'image riante de la felicité publique & du bien de l'humanité, & qui en conféquence cherche des moïens de contribuer à le procurer ; ce fentiment eft inné chez les Seigneurs, ou devroit l'être. Quoiqu il en foit, nous devons croire, qu'ils ne craindront pas d'être vus les mains à la charrue pour le bien de l'Etat ; mais nous croions en même tems, qu'il eft néceffaire de les inftruire de la manière, dont ils doivent mettre la main à la charrue avec le fuccès que l'Etat a droit d'attendre de leur zéle.

Une loi générale de fuppreffion des corvées ou de converfion en un équivalent en fruits, ne peut être propofée : elle préfente de trop grands obftacles. Il en naitroit des incon-
vé-

véniens infinis dans l'exécution. Les
Seigneurs, ou tout au moins le plus
grand nombre, quoique tous également
ment fenfibles aux abus de l'ufage
des corvées & à la néceffité de les
convertir en un équivalent, tant pour
l'intérêt de l'Etat que pour le leur,
feroient dans le moment, & peut-
être pour long tems, dans l'impoffibilité de remplacer les bras des corvées par la quantité de bras à gages
ou à journées & de beftiaux, néceffaire pour mettre leurs domaines en
bonne culture. Seroit - *il* poffible
d'ailleurs de déterminer par une loi
générale un équivalent égal & précifément le même pour toute une
grande Monarchie? La valeur intrin-
féque de la corvée ne fauroit être la
même dans tous les païs: les uns font
foumis à une corvée par femaine, d'autres à trois, & d'autres à une corvée
illimitée; le prix commun des fruits
diffère auffi: de là réfulte néceffairement l'impoffibilité de préfcrire avec
équité partout un équivalent égal.

L'équivalent des Corvées, qui
doit auffi comprendre tous les droits
feignéuriaux qui fe païent en argent,
doit être fixé par un contract formé

de gré à gré entre le Seigneur & fes
fujets, pour être enfuite revêtu du
fceau de l'autorité publique, s'il eft
trouvé fans léfion. C'eft ainfi que les
Seigneurs doivent être eux-mêmes les
principaux agens de cette législation
nouvelle, pour former une loi nouvelle rélativement à tous leurs droits,
loi également néceffaire & jufte, & re-
fpectivement utile à leurs fujets, à
eux - mêmes & à l'Etat (*a*).

Il eft aifé de comprendre qu'un Seigneur qui voudra former ce contract
avec fes fujets, devra en même tems
s'affurer des moïens de faire cultiver
fon domaine, & du montant des frais
que demande ce nouvel ordre d'économie, introduit dans l'adminiftration
de fa terre. Ces moïens font fimples,
la pratique en eft facile ; mais comme le Seigneur doit faire les avances
des frais que ce nouvel ordre d'é-
conomie exige la premiere année,
il peut fe trouver dans l'impoffibilité
de faire ces avances dans le moment

où

(*a*) Cet équivalent doit confifter dans une efpéce de dixme dont la quotité doit être
eftimée & fixée rélativement au prix de la
corvée & à celui des grains.

où elles font néceſſaires. Il ne fera
pas impoſſible de lever cette difficulté : on en propoſera le moïen.

Les avances indiſpenſablement à
faire par le Seigneur, conſiſtent dans
l'achat du nombre d'attelages de
chevaux, ou de bœufs, & d'inſtru-
ments de culture, néceſſaire rélativement à l'étendue des terres à cui-
tiver & à la bonne culture à donner aux terres ; dans les gages
d'un bon économe, des valets de
charrue, des ſervantes & des journées à païer dans le courrant de
l'année. Si la culture eſt bonne
& bien ſoignée, la premiere ou les
deux premieres recoltes rendront
toutes les avances.

Pour être ſenſible aux avantages
réſultans pour le Seigneur, de ce
nouvel ordre d'économie, il ne faut
que donner une legére attention au
tableau ſuivant d'un domaine de Seigneur ſuppoſé de 1000 arpens, reti-
ré de la culture par corvées, &
dont le Seigneur entreprend la culture à ſes frais, contenant le montant
des avances & le montant des produits.

O 3 TA.

TABLEAU

*des avances, frais de culture, &
des produits d'un domaine de Seigneur
de 1000 arpents, dont 100 arpents de
prairies naturelles ou artificielles,
& 900 en terres labourables.*

AVANCES ET FRAIS DE CUL-
TURE.

27 paires de boeufs à raison de
3. paires par cent arpens, à 60. fl.
la paire. - - - - - - 1620 fl.

Inſtrumens & outils de labourage - - - - - - 776.

Semences de 900 arpents
à raiſon de deux meſures par
aépent à 1. fl. la meſure. - 1800.

Valets de charrue, pour
gages tout compris - - 980.

60 Vaches pour le laitage
& la réproduction à 20. fl. &
un taureau à 35. fl, - - 1235.

Cochons : 20 méres à 7. fl. 140.

8 Quintaux de ſel pour
les vaches, à 5. fl. - - 40.

8 Quintaux de ſel pour
les bœufs - - - - - - 40.
journées pendant l'année 1°.

pour

pour la moiſſon 360. fl. 2°.
pour battre les grains 1200. fl.
en tout - - - - - - 1560.
Appointemens de l'écono-
me - - - - - - - - 400.
Total - - 8891.

A déduire l'achat des
bœufs, des vaches & des
cochons pour les années ſui-
vantes, ainſi que des inſtrumens de labourage, montant à 4671.

Conſéquemment pour l'a-
venir les frais de culture ſont
réduits à la ſomme de - - 4220.

On ne doit pas compter
comme des frais à faire, l'a-
chat de nouveaux attelages
de bœufs, qu'il faut renouveller de tems en tems; parcequ'un bon économe a ſoin
de mettre à l'engrais, ſoit
d'hyver, ſoit d'été, les bœufs,
avant qu'ils ſoient ſur le re-
tour; après quoi il les vend
bien au deſſus du prix coû-
tant. Car les bœufs qui ont
travaillé, engraiſſés enſuite,
ſont les meilleurs pour la
boucherie.

 PRO-

PRODUITS.

900 Arpents rendront à raison de dix pour un , le moindre produit de la culture la plus connue des terres médiocres , 16200. mesures déduction faite de 2. mesures par arpent pour les semences ; à un fl. la mesure - - - 16200. fl.

Le foin & la paille font compris dans le produit des bestiaux.

Le beurre & les veaux   920.
Les cochons - - -   200.
————
Total - - 17420.

De déduction faite de la dépense ordinaire - - - 4220.
————
Reste net - - 13200.

Equivalent de 50. corvées entieres & des droits en argent estimé - - - - - 2550.
————
Total du produit - 15750.

On suppose ici la culture avec les bœufs , qui est la culture presque générale de tous les païs soumis aux corvées. Il est nécessaire de faire re attention içi à l'idée qu'on a en France de cette culture, qu'on nomme la petite culture, par oppofition à la culture avec les chevaux, qu'on nomme la grande culture. „ La petite Culture, dit l'auteur *de la philo- fophie rurale*, rapporte moitié moins de recolte par arpent de terre, les avances annuelles font auffi de moitié moins par arpent; parcequ'on y fupplée aux dépens de la terre qu'on laiffe en pâturage aux bœufs de labour; il en eft à peu près de même des avances primitives par charrue: c'eft pourquoi on eftime alors que la petite culture eft plus profitable, que la grande culture; mais on ne compte pas qu'il y a une diminution de moitié fur le produit du territoire mal cultivé & en grande partie en friche. „

Obfervez que cette préférence donnée à la culture avec les chevaux, n'eft fondée que fur la fuppofition, que la culture avec les bœufs rapporte moitié moins de recolte par arpent, parcequ'on laiffe des terres en pâturage aux bœufs de labour; parceque le territoire eft mal cultivé & en grande partie en friche. Tout

ce-

cela peut être vrai à l'égard d'un mauvais cultivateur. Mais une terre dans les mains d'un bon cultivateur, cultivée par des bœufs, rapportera plus que si elle est cultivée par des chevaux, à ne considérer que les labours. il ne laissera pas un pouce de terre en friche, & ses labours seront meilleurs & plus profonds, par la supériorité des forces des bœufs, qu'il nourrira au sec toute l'année, comme on doit nourrir les chevaux ; avec cet avantage, qu'il les nourrira à meilleur marché. Il ne laissera point de terres en friche pour le pâturage de ses bœufs. Il en emploira moins au contraire que pour nourrir des chevaux ; & parceque deux bœufs tirent autant que 4 chevaux, il n'entretiendra que le même nombre de bœufs. Ajoutez à ces avantages celui de gagner sur ses bœufs en les engraissant pour la boucherie, de renouveller ainsi ses attelages de labour avec un bénéfice certain, ce que le cultivateur qui emploie les chevaux, doit faire avec une perte considérable. Il faut encore compter un plus grand nombre d'accidens, auxquels les chevaux sont sujets.

Le

·Le produit réfultant de l'état ci-
deffus, fera inconteftable, fi on a
l'attention de fe pourvoir d'un bon
économe, de multiplier les labours,
& les herfes, & de faire les labours
profonds pour détruire les mauvai-
fes herbes, ramener une plus grande
quantité de terre - vierge fur la furface & donner ainfi aux plantes une
plus grande fomme de fucs nourriciers, de traiter les engrais avec plus
de foins, de les conferver dans des
foffes, d'attendre qu'ils foient bien
pourris pour les emploïer ; car les
femences des mauvaifes herbes paf-
fent debout par le corps des beftiaux,
& on les reporte fur les terres où
elles germent, & où les mauvaifes
herbes fe réproduifent par le fumier
même , enforte qu'au lieu d'un fecours qu'on croit donner aux bonnes
plantes, on leur procure des milions
d'ennemis infiniment nuifibles.

Ce produit fuppofe la fuppreffion
des jachères, & fi l'on ménage bien
les labours & les engrais, toutes les
terres rapporteront tous les ans une
abondante recolte, fans autre repos
que l'intervalle de l'automne au prin-
tems à l'égard des terres deftinées

tous

tous les ans aux *Mars,* ou grains d'Eté. Les terres traitées ainſi, deviendront bientôt plus faciles à labourer & à rendre meubles, ce qui eſt le premier & le plus grand principe de fertilité. Les terres doivent être labourées dans le moment même qu'on finit la moiſſon; & ſi on a ſoin de faire un labour profond & de faire herſer immédiatement par des herſes bien faites, on ramaſſe aiſément les chaumes & les mauvaiſes herbes en petits tas, auxquels on met enſuite le feu: on nettoie ainſi fort bien la terre en faiſant un engrais de ſes ennemis. Ce premier labour & un ſecond ſuivi de herſes avant de jetter les ſemences, ſuffiront preſque généralement pour rendre les terres bien meubles & en aſſurer la fertilité. Ajoutez à tous ces ſoins, celui de changer vos ſemences de froment rouge en froment blanc. Le premier produit moins, eſt d'un prix inférieur au marché, parcequ'il donne moins de farine, & il a l'inconvénient de s'égrainer beaucoup plus facilement. Lors qu'il eſt mûr & qu'il ſurvient un coup de vent avant qu'il ſoit coupé, quelque fois il ne laiſſe ſur

vos

vos champs, que de la paille. Ce blé vous donne encore dans le transport des gerbes, des pertes infinies que le blé blanc ne vous donnera pas ; parceque ce grain eſt plus ſolidement attaché aux épies. Vous gagnerez encore beaucoup, ſi vous faites battre vos grains avec plus de ſoin, avec le fleau & non avec des chevaux. Si vous nourriſſez vos bœufs de labour au ſec & non au verd, vos bœufs ſeront plus ſains, auront plus de force & travailleront infiniment mieux. La population néceſſaire pour faire moiſſonner vos champs aſſez promptement, vous manque ; ce qui cauſe ſouvent de grandes pertes ; & c'eſt là encore un des malheureux effets de vos corvées qui reſſerrent ſans ceſſe les limites de votre population.

Il ſuffit de s'arrêter à cette méthode de culture ſimple, univerſellement connue & à portée des cultivateurs les plus groſſiers, pour reconnoitre, que par la converſion des corvées en un équivalent en fruits, les domaines des Seigneurs produiront bien au - delà du double de revenu & du triple même, ſi les Seigneurs

gneurs ne fe laiffent point tromper par leurs officiers, & en fuppofant même beaucoup de négligence. On en jugera mieux par la comparaifon.

TABLEAU

du même domaine cultivé par les corvées.

Il faut compter pour rien les prairies artificielles, dont on ne fait pas faire ufage, & pour peu de chofe les prairies naturelles. On a peu de vaches très mal entretenues: la preuve en eft qu'elles ne donnent généralement qu'une demi-livre de beurre par femaine. Les meilleures n'en donnent pas une livre, pendant que des vaches femblables & du même païs, gouvernées fuivant la méthode de Hollande, en donnent quatre livres (a). La réproduction eft groffierement négligée. La plûpart des Seigneurs qui ont voulu avoir des vacheries, n'y ont trouvé aucun bénéfice ; plufieurs même y ont perdu.

C'eft

─────────────

(a) Expérience faite dans une terre de l'un des premiers Seigneurs de la Hongrie.

C'eſt ainſi que faute de ſoins & de connoiſſances, on rend nul un article des plus riches de l'économie rurale, & des plus précieux pour l'Etat.

Les bergeries ſont ſi mal ordon‑nées, qu'elles ſont encore peu utiles aux Seigneurs.

Il ne faut donc compter le reve‑nu du domaine dont il s'agit, culti‑vé par corvées, que par ſon produit en grains & en redevances des paï‑ſans, ſoit en denrées, ſoit en argent.

On ne fait point mention ici des fermes des braſſeries, des bouche‑ries, des cabarets & des boulange‑ries. Le prix de ces fermes ne tient à la culture des terres que parce‑qu'il dépend du plus ou moins de population des terres. Ce prix s'ac‑croitra au prorata des progrès de l'agriculture & de la population.

Des 1000. arpens, il y en a 50. en prairies naturelles, & toujours 315. en repos. Il ne faut donc com‑pter que ſur le produit de 630. ar‑pens, qui à raiſon de 10. meſures par arpent, produit ordinaire de la cultu‑re actuelle, ne donnent que 6300. meſures, ſur leſquelles il faut pré‑lever les ſémences pour la recolte à

ve‑

venir à raifon de deux mefures par
arpent, ce qui fait 1260. mefures, lesquelles déduites fur la recolte montant à 6300. mefures, refte net 5040.
mefures.   Déduction faite des frais
de moiffon & des batteurs en grange
montant à 620. mefures, il refte net
du produit - - - - - 4420.

    Autres droits outre la
corvée, dus par les fujets ,
fur le pié de 50. corvées entieres - - - - - - - 787.
      Total du produit - 5207.

    A déduire les gages de
l'économe - - - - - 400.
    Refte net de revenu - 4807.

C'eft-là ce qui forme à peu prés
tout le revenu d'un domaine de Seigneur de 1000. arpens, cultivé par
corvées.

Produit net d'un domaine de Seigneur de 1000. arpens cultivé à fes
frais, y compris l'équivalent des
corvées & des autres droits en
fruits - - - - - - 15650. fl.

                      Pro-

Produit net du même do-
maine cultivé par corvées, y
compris les droits en argent 4807.

Exédent du produit de
la culture aux frais du feigneur, fur la culture par corvées - . - - - - - 10943.
On voit fans doute avec étonnement une augmentation de revenu
du domaine du Seigneur cultivé à
fes frais, de prés de deux tiers en-
fus du produit ordinaire du même
domaine cultivé par corvées. On
obtiendroit donc un prodigieux accroiffement de richeffe, publique & particuliere, par la converfion en un èqui-
valent en fruits de tous les droits
perfonnels & en argent dûs par les
cultivateurs, fi l'on pouvoit compter
rigoureufement fur une culture &
fur une économie conformes au tableau ci deffus, à l'égard des terres
de tout un Etat. Mais en fuppofant
dans une grande partie, une négligence groffiére, furtout fur le produit des beftiaux, & en fuppofant
même de l'infidèlité de la plûpart des
économes, on ne doit pas craindre
de fe tromper en affurant que par

P   cet-

cette nouvelle méthode de culture &
ce nouvel ordre d'économie , la fomme générale des productions de
l'Etat fera promptement portée à plus
du double , tant par les terres des Seigneurs, que par celles des païfans ,
qui feront inftruits par l'exemple &
animés par l'efprit de proprièté.

Les païfans, maîtres de leur perfonne & de leur tems , affurés de la
propriété , augmenteront leurs productions dans la même progreffion :
ils imiteront le Seigneur, ils faifiront
aifément fa méthode , ils feront engagés par leur intérêt; & néceffairement encouragés par le Seigneur lui
même , parceque la bonne culture
des fujets donnera fans ceffe de nouveaux accroiffemens à l'équivalent.
Ils augmenteront le nombre de leurs
beftiaux : leurs vaches mieux gouvernées leur feront plus utiles ; ils
fauront mieux ménager les engrais ,
donner de meilleurs labours ; & les
jachéres fupprimées , l'aifance s'établira généralement chez eux   La liberté de divifer leurs biens entre
leurs enfans, de vendre & d'achetter des terres , fera multiplier les ma-
riages; la génération future fera fai-
ne

ne & robuste ; la population s'accroitra d'un tiers en sus au moins
tous les 20. ans, jusques à ce qu'elle soit parvenue au dégré où elle ex-
cédera la proportion de subsistances
que l'agriculture & l'industrie peuvent fournir. Cet excés n'est point
à craindre dans des Etats qui n'ont
pas la moitié des habitants que l'é-
tendue de leur territoire médiocrement cultivé, pourroit faire vivre
dans l'aisance.

Il y a des mœurs chez le peuple
cultivateur, de la simplicité, de la
bonté, de l'innocence. Il est vrai
qu'on y trouve de la défiance & de
la ruse ; & cela doit être, parce que
la ruse & la défiance sont le partage
de la foiblesse. C'est chez les cultivateurs opprimés par les prétentions de
toutes sortes, comme une espèce
d'instinct qui leur est commun avec
la plûpart des animaux. Il ont tout
à craindre, ils se défendent comme
ils peuvent.

L'habitude des fatigues rend les
hommes plus sains & plus robustes ;
& celle d'une vie plus occupée les
rend plus honnétes gens. Mais il
faut qu'ils puissent vivre dans l'ai-

 sanfance. Le manque du néceſſaire, la pauvreté eſt auſſi ſouvent la ſource du vice, que les richeſſes.   On trouve rarement ſurtout des aſſaſſins & des voleurs chez le peuple opulent. La revolution dans l'agriculture, en produira une autre dans les mœurs. Vous ſujets, plus laborieux & plus aiſés, vivront bien plus généralement dans l'innocence : & les mœurs doivent être comptées pour beaucoup parmi les avantages, qui feront l'effet de cette revolution.

Vous n'aurés donc pas ſeulement l'avantage de voir accroitre ſans ceſſe le volume de vos droits en fruits, car les terres de vos ſujets deviendront des jardins, mais vous aurés encore celui d'avoir à votre gré des travailleurs à gages & à journées; parceque par la diviſion des terres entre les enfans des ſujets, & la liberté de vendre & d'achetter (*a*), le nombre des ſujets qui auront beſoin

de

____

(*a*) La plûpart des Seigneurs ne permettent ponit que leurs païſans diviſent leurs conceſſions par des partages ou des ventes, dans l'idée que la diviſion des conceſſions affoiblit la force de la corvée.

de travailler fur lés terres d'autrui,
s'accroitra tous les jours; ce qui eft
la claffe du peuple la plus utile aux
Seigneurs, & la plus néceffaire à l'E-
tat. C'eft celle qui lui manque entiérement, & c'eft l'un des grands
maux que l'ufage des corvées a fait
aux Etats qui y font foumis. A
tous ces avantages, vous aurés ajouté l'avantage infiniment précieux, celui d'avoir amélioré les mœurs de
vos fujets,en leur faifant trouver l'aifance dans un travail affidu.

Nous ignorons, encore les reffources des Cultivatenrs, & l'abondance
des produits de l'agriculture fous
leurs mains dans un état de liberté,
tel que celui qu'on propofe d'établir.
On peut en juger par un fait qu'on
trouve dans Pline le naturalifte. Un
efclave qui s'étoit tiré de fervitude,
aïant acheté un petit champ, le
cultiva avec tant de foin qu'il devint le plus fertile de tout le païs.
Un tel fuccès lui attira de la jaloufie
de tous fes voifins, qui l'accuferent
d'ufer de magie & d'emploïer des forti-
leges pour procurer à fon petit champ
une fi étonante fertilité, & pour
rendre leur champs ftériles. Il fut

appellé en jugement devant le peuple Romain. Il se présente dans la place publique devant le peuple assemblé, avec sa fille, qui étoit une grosse païsanne très laborieuse, bien nourrie & bien vétue, avec tous ses instruments de labour qui étoient en fort bon état, & ses bœufs, qui étoient gros & gras; & se tournant vers les juges: voilà, dit-il, mes sortileges & la magie que j'emploïe pour rendré mon champ fertile. *Veneficia mea, quirites, hæc sunt.* Je ne puis, continua-t-il, vous produire mes sueurs, mes veilles, mes travaux de jour & de nuit: *nec possum vobis ostendere, aut in forum adducere lucubrationes meas, vigiliasque & sudores.* Il fut absous d'une commune voix. Tel seroit l'état de vos sujets rendus libres: en peu d'années ils ressembleroient à ce païsan Romain; toutes vos terres seroient bientot des jardins en bonne culture; la moindre rappórteroit au moins le double de revenu; la somme des productions & la population de l'Etat seroient incessament plus que doublées: dès lors les charges de l'Etat, les impots, l'entretien &

le

le recrutement d'une armée suffisante
pour sa défense & pour sa gloire, ne
feroient plus que des charges légé-
res.

Nous fentons, dira - t - on, tous _{Obje-}
les avantages qui refulteroient de la _{ction.}
fuppreffion de l'ufage des corvées,
pour l'Etat, pour nous, pour nos
fujets : l'humanité même nous demande cette fuppreffion, nous follicite de traiter nos fujets comme des
hommes, de nous occuper des moïens
de les rendre heureux. Nous recon-
noiffons que le premier & le plus effentiel de ces moïens, eft la fuppreffion des corvées, & que tous les autres naiffent facilement de cette fuppreffion. Mais dès l'inftant que nous
avons accordé cette fuppreffion, nos
terres reftent incultes, parceque nous
'n'avons plus de bras à y appliquer,
même en païant chérement des hommes à journée ou à gages. Tous
nos fujets fe donnent entiérement à
la culture de leurs conceffions. Ils
n'ont point de tems à donner à une
terre étrangére à quelque prix que
ce foit; parce qu'il eft évident, que
leur intérêt les porte à préférer la
leur, & rien n'eft plus naturel. Il

P 4

en

en réſulte que plus de la moitié des terres de l'Etat reſtent incultes, que nous ſommes ruinés, & nos pertes deviennent en même tems celles de l'Etat.

Reponſe.   Tel ſeroit l'effet ſans doute d'une revolution ſubite, forcée par l'empire d'une Loi nouvelle. Mais on ne vous préſente qu'un ſyſteme, un plan de reforme dicté par l'interêt général, par l'intérêt des Seigneurs & des ſujets, & par celui de l'Etat qui réſulte néceſſairement des deux premiers. Ce plan eſt offert à la reflexion, à la ſage prévoyance de chaque Seigneur en particulier, ſur le choix des moïens qu'il peut emploïer pour s'en aſſurer l'execution la plus heureuſe. Il y a de la variété dans l'uſage des corvées & dans les autres droits ſeigneuriaux, d'une terre à l'autre, d'une province à une autre province; il y en a auſſi dans la ſituation & dans la population : il doit donc y en avoir dans le choix des moïens. Par cette raiſon l'équivalent en fruits ne peut être déterminé & fixé à un taux généralement uniforme. Des Seigneurs peuvent trouver dans la population de leurs

ter-

terres ou des terres voifines, le nom-
be fuffifant de valets de charrue &
de fervantes, que demande une bonne culture de leurs domaines ; auquel cas la revolution peut être exé-
cutée à leur égard dans un moment
avec une heureufe facilité. D'autres Seigneurs n'en trouveront qu'une
partie, & d'autres n'en trouveront
point du tout. Dans ces deux cas les
Seigneurs doivent fe procurer des
étrangers : ce qu'il eft très poffible
de faire. A leur égard la revolution
fera plus lente ; mais elle n'en fera
ni moins fure, ni moins heureufe.

Il feroit d'ailleurs injufte de croire que les fujets feront généralement
infenfibles à l'état de profpérité que
ce changement leur offrira, & qu'ils
méconnoitront la main bienfaifante
de leurs Seigneurs. Ne calomnions
pas l'humanité : ce ne fera plus une
crainte fervile, mais la reconnoiffance qui amenera vos fujets à vos
pièds ; leur ame éprouvera peut-être pour la premiere fois la joïe du
fentiment ; & la reconnoiffance animée par l'embonpoint de l'aifance
les rendant infatigables , leur fera
faire des prodiges de travail. L'au-

P 5　　　teur

teur de cet ouvrage en a fait une épreuve en petit en 1771. dans les terres de S. Exc. M. le Comte de Mercy en Hongrie. Il fit assembler les juges de 22 de ses villages, leur proposa de la part de leur Seigneur une nouvelle méthode de cultiver & de préparer le tabac, & de leur en donner l'exemple par une plantation pour le compte du Seigneur ; ce qui aïant été accepté avec une vive reconnoissance, il leur proposa de prendre soin eux mêmes par journées, de la plantation du Seigneur ; mais il ajouta qu'il craignoit que leurs occupations ne leur en laissassent pas le tems. Leur reponse unanime fut: *ne craignés rien, nous travaillerons à la plantation du Seigneur pendant le jour, & aux nôtres pendant la nuit.*

On doit croire que l'état d'aisance & de liberté qu'on propose de substituer à l'esclavage ruineux & destructif des cultivateurs de la glebe, relevera leur ame abattue, donnera du courage & des bras à ceux qui n'en ont point, animera les bras de ceux qui en ont, multipliera les cultivativateurs dans les villages mêmes qui ſemblent en avoir le moins.

Mais ſuppoſons des Seigneurs qui ne trouvent aucune reſſource dans la population de leurs terres, pour établir la bonne culture de leurs domaines : dans ce cas il pourront tirer des valets de charruc & des ſervantes, des païs étrangers. Les familles de cultivateurs qui ſortent ſans ceſſe par milliers de leurs païs pour chercher du travail, annoncent aux Seigneurs une grande facilité pour ſe pourvoir de valets & de ſervantes. Les domeſtiques qu il eſt le plus difficile de ſe procurer, ce ſont de bons Officiers pour diriger ce nouvel ordre d'économie. C'eſt du choix de ces Officiers que dependra toujours dans la ſuite le plus ou le moins de ſuccès , & des ſoins que les Seigneurs ſe donneront eux mêmes. Car le proverbe françois que *tant vaut l'homme tant vaut ſa terre*, ſera toujours vrai.

On trouvera de bons économes à mettre à la tête de la culture des terres, lorsqu'on voudra ſe donner la peine d'en chercher, & en faire les frais. L'inſtitution des écoles

d'é-

d'économie, formée par les ſoins &
par les ordres de S. Maj. l'Imperatrice Reine, inſtitution unique en
Europe, qui devroit être imitée, inſtitution d'un prix infini, & que le
public n'eſtime peut-être pas aſſés,
formera de bons ſujets, & offrira
bientôt de bons choix à faire. Les
Seigneurs feront en même tems en
état de recevoir cette multitude de
cultivateurs étrangers qui ſe préſentent tous les ans, & qui la plûpart
periſſent faute de travail. Car il eſt
ſingulier qu'attendu la méthode actuelle de culture dans les Etats ſoumis à l'uſage des corvées, il ne s'y
trouve pas un pouce de terre à donner à un étranger qui demande du
pain, & de la terre à cultiver pour
le gagner; par la ſeule raiſon que
les ſujets n'ont pas de quoi paier un
cultivateur étranger, & qu'attendu
l'uſage des corvées, tous les domaines des Seigneurs ſe trouvent cultivés par les corvées; enſorte qu'il
ne reſte point de place pour des bras
qu'il faudroit paier.

§. 6.
Des ou-
vriers de
l'agricul-
ture.

Ne vous laiſſés plus ſéduire par
l'idée que vous faites cultiver vos
terres ſans rien débourſer; puisqu'il
eſt

eſt démontré que vous y perdés plus
de la moitié de votre revenu; & ne
craignés pas de faire la dépenſe en
journées de cultivateurs étrangers,
dont les bras ſont une richeſſe que la
miſère & l'oppreſſion vous envoïent.
Leurs bras ſeront une valeur nouvelle que vous ajouterés à vos terres
& à l'Etat. Vos corvées ſupprimées,
vous n'avés point de plus grand intérét, que celui que vous trouverés
à étendre la population de vos terres, à y multiplier les cultivateurs,
ſurtout ceux qui n'ont que des bras,
ou fort peu de choſe avec leurs
bras.

C'eſt à cette claſſe de cultivateurs que la France & l'Angleterre
ont du l'état floriſſant de leur agriculture; & c'eſt auſſi à la déſtruction
de cette claſſe de ſujets, produite par
l'excès des impots qui leur a enlevé une partie de leurs ſalaires & par-
conſéquent de leur ſubſiſtance, que
ces deux nations doivent leurs diſettes permanentes depuis pluſieurs
années. Voulés vous ſavoir combien
ces hommes ſont précieux auxgrands
propriétaires & à l'Etat? Jettés un
coup d'oeil ſur la France: vous y
trou-

trouverés un nombre infini de villages compofés de cent, deux cents,
troits cents habitans, dont les plus
riches ne poffedent pas trois arpens
de terre, & le plus grand nombre
eft réduit à une maifon & un jardin,
ou rien du tout. Toutes les terres
de la paroiffe appartiennent au Seigneur, à l'Eglife, à des Hopitaux,
&c. & font dans les mains de quelques fermiers. C'étoit avant l'excés
des impôts, par le travail, tant à
journées qu'à gages, de cette population de pauvres cultivateurs, que
ces grandes propriétés étoient entretenues dans toute leur valeur ; &
c'eft par le dépériffement de ces cultivateurs, ou leur défertion, que
ces mémes propriétés tombent tous
les jours de plus en plus en non valeur. Dans aucun païs cette claffe
de fujets ne devroit paier ni impots,
ni droits aux Seigneurs. L'impôt &
les droits ne fe trouvent-ils pas naturellement & avec une juftice bien
fenfible dans l'abondance des productions de la terre qui font le fruit de
leur travail, & qui excedent infiniment le montant du falaire qu'on leur

ac-

accorde, fuffifant à peine pour leur fubfiftance (*a*).

Une obfervation bien fimple vous rendra encore bien fenfible l'augmentation de richeffes que vous donnerés à vos terres & à l'Etat, en exécutant le fyftéme de liberté propofé.

Dans l'étendue donnée d'un domaine de Seigneur de 1000 arpens, on a fuppofé 900 arpens en labour. Cette culture demande 27 paires de bœufs d'attelage; & vous devés y entretenir 60 vaches. Vos recoltes correfpondront à cette quantité nouvelle de beftiaux mis & entretenus fur votre terre, ainfi que la reproduction fera accrue en raifon du nombre de vos vaches: vos fujets n'en entretiendront pas moins de leur côté la même quantité de bœufs qu'ils ont actuellement & qu'ils emploiront mieux. En même tems engagés par la liberté de la propriété, par l'exemple, animés par leur interêt, ils donneront plus de foins à leurs vaches & à la reproduction. Il eft facile d'après cette feule obfervation

de

§. 7.
Reproduction
des beftiaux.

(*a*) Nous reviendrons fur cet objeċt fi intéreffant, dans l'article de l'impot en général.

de prévoir l'augmentation prodigieufe
donnée à la fomme générale des productions de l'Etat, en fruits & en
beftiaux.

§. 8.
des abeil-
les.

Il eft facile aux Seigneurs de
donner à leurs fujets l'exemple d'une
bonne culure : il leur fera bien facile encore de leur donner celui de
l'entretien des abeilles, & d'en introduire l'ufage généralement chez tous
les païfans. Cette culture, qui ne
demande que peu de foins , & ne
prend la place d'aucun travail néceffaire à l'agriculture, contribueroit
beaucoup à répandre l'aifance chez
les païfans, & formeroit en peu d'années un objet d'exportation très précieux pour l'Etat.

§. 9.
Des com-
munes.

La fupreffion des communes eft
une opération très utile, très néceffaire. Elle ne peut fe faire autrement
que par un partage entre les païfans
des communautés propriétaires des
communes. Il ne feroit pas jufte
d'y appeller des étrangers (*a*). Mais
on

(*a*) Il faut cependant excepter les communes
trop étendues pour que les païfans puif-
fent les défricher en entier. L'interêt public

on feroit inutilement ce partage
avant que les corvées foient fupprimées, avant que les Seigneurs aient
donné l'exemple d'une bonne cultu-
rure, & que l'impôt ait ceffé de détruire par fon excès ou par fa forme,
le germe de la réproduction chez les
cultivateurs. Les Communes refteroient généralement dans le même
état où elles font actuellement; parcequ'en faifant ce partage, on ne
pourroit donner en même tems aux
païfans les moïens de défricher, les
forces ni les connoiffances néceffaires pour le faire avec fuccès. Il faut
encore que l'exemple leur apprenne
l'ufage des prairies artificielles; qu'
avec leurs fecours ils peuvent non
feulement remplacer les avantages
des pâturages communs, mais encore entretenir un plus grand nombre
de beftiaux & en meilleur état; que
leurs vaches n'étant plus fatiguées
pour aller chercher une pâture médiocre à une grande diftance, leur

Q

don-

blic veut que la partie qui excéde leurs
forces, foit diftribuée à des étrangers &
de préference aux Seigneurs qui peuvent
en entreprendre le défrichement.

donneront quatre ou cinq fois plus
de beurre : elles en donnent à - peine
une demi - livre par ſemaine. 28 vaches nourries & entretenues ſuivant
la méthode de Hollande dans une
des terres d'un des premiers Seigneurs de la Hongrie, ont donné au
mois de mai 1771, 225 livres de
beurre. Cette prodigieuſe différence
annonce ſur cet article d'économie,
un bénéfice immenſe pour les ſujets,
pour les Seigneurs & pour l'Etat,
dans l'exécution du plan d'amélioration propoſé. Mais il faut qu'après
la converſion des corvées, les Seigneurs donnent l'exemple aux ſujets.
Alors le partage des Communes ſera
ſuivi d'un bon défrichement, d'une
bonne culture, & produira des avantages infinis pour les ſujets & pour
l'Etat. Autrement on trouvera toujours infailliblement chez presque
tous les païſans, une impuiſſance abſolue de mettre les Communes en
valeur.

On pourroit citer quelques exemples de partages de Communes à la
porte d'une Capitale ou de quelque
grande ville, qui ont eu de grands
ſuccès. Mais on feroit bien dans
l'er-

l'erreur, fi on vouloit en conclure, que les mémes avantages fe trouve-roient ailleurs. La grande confommation, qui fe trouve à la portée d'un grand marché, fait faire des prodiges à l'induftrie; ce qui n'arrive point à des diftances éloignées.

C'eft une inftruction encore bien intéreffante à donner aux paifans par l'exemple, que de leur apprendre à élever les veaux fans les laiffer téter les meres, comme on le partique en Hollande, & à ne pas permettre aux géniffes de porter à deux ans, mais feulement à quatte. Les veaux gâtent les méres par les coups de tête qu'ils leur donnent, & les vaches méres trop tôt, reftent au deffous du médiocre. Corriger ces abus, c'eft améliorer infablliblement le prix de la réproduction & de la jouiffance.

§. 10.
De la re-production des beftiaux.

On peut auffi compter fur la fanté des bétes à corne, fi l'on veut avoir l'attention de leur faire paffer la nuit dans les étables, de ne pas les faire paître dans les momens de la rofée, fi l'on a foin de leur donner du fel une fois la femaine, & de ne jamais les luiffer boire dans des eaux

crou-

croupies ou ſtagnantes. Presque toujours ces maladies qu'on apelle maladies épidémiques des beſtiaux, pro-
viennent de la boiſſon des eaux croupies, qui pourriſſent leurs poumons.
On peut obſerver que ces maladies
ſe manifeſtent ſurtout à la ſuite d'une
longue Sécbereſſe & dans les païs
marécageux. C'eſt auſſi un uſage
très - mauvais, que d'envoïer à la
pâture les boeufs de travail. Le
verd les affoiblit, les ruine, pendant
que le ſec entretient leur force &
leur ſanté.

Les races de votre bétail dégé-
nétent, parceque la réproduction eſt
partout confiée à un trop petit nombre de mâles. Les premieres productions d'un mâle choiſi, dit Mr. de
Buffon, feront, ſi l'on veut, fortes
& vigoureuſes, mais à force de tirer des copies de ce ſeul & même
moule, l'empreinte ſe déforme, ou
du moins ne rend pas la nature dans
toute ſa perfection; la race doit par
conſéquent s'affoiblir, ſe rapetiſſer,
& dégénérer.

A cette cauſe de dégénération,
il faut ajouter la mauvaiſe nourriture, ou la mauvaiſe qualité des pâturages.

rages. Les climats qui ont tant d'
influence fur les productions de la
nature, en ont fans doute une grande fur la réproduction du bétail.
Mais il n'en eft pas moins certain,
que la bonne nourriture contribue
infiniment à conferver & à perpétuer
les bonnes races. La grandeur, la
graiffe & la force des boeufs & des
vaches, font rélatives à l'abondance
& à la bonne qualité des pâturages.
Les Hollandois font fouvent venir du
Danemarc de jeunes vaches, de petite taille & maigres, qui grandiffent
& s'engraiffent prodigieufement dans
leurs prairies & donnent beaucoup de
lait. On les nourrit pendant l'hyver avec un foin infini, & on leur
conferve ainfi leur lait & leur embonpoint. C'eft à ces mêmes foins
& a la bonté des pâturages, qu'il
faut attribuer la prodigieufe grandeur
des boeufs & des vaches de la Suiffe, & l'abondance du laitage qui
fait une partie précieufe de fa richeffe. Les vaches efpagnoles font re-
nommées depuis des fiécles pour leur
grandeur, leur beauté & leur fierté. Il eft facheux que les foins qu'on
en prend, n'aient eu jufqu' à préfent

Q 3

pour

pour principal objet, que de fe procurer des taureaux fuperbes, & de rendre le combat du taureau plus intéreffant. Les boeufs de la plûpart des provinces de la France, ceux d'une partie de l'Allemagne, de la Croatie, &c. font maigres & extrémement petits, parcequ'ils font mal nourris l'hyver, & n'ont pendant l'été, que des pâturages fort maigres & à des diftances éloignées. Le Royaume de Hongrie eft le païs de l'Europe qui a les pâturages les plus étendus, & feroit celui qui produiroit le plus de boeufs, de chevaux & de brebis, fi la reproduction n'y étoit pas entiérement négligée. L'abondance des boeufs, qu'on nomme boeufs de Hongrie, eft une production de la Servie, de la Walachie & de la Moldavie, d'où on les tranfporte fur les pâturages de la Hongrie.

§. 11.
Des
avances à
faire par
les Sei-
gneurs
pour
rempla-
cer les
corvées

Il eft certain que presque généralement toutes les terres des Seigneurs ne reçoivent de culture que par les corvées; d'où il eft aifé de voir que la fuppreffion fubite des corvées, laifferoit dans le moment prefque toutes les terres des Seigneurs fans cul-

culture, parceque la plûpart des terres manquent de la population qui
fournit les ouvriers de l'agriculture;
que les corvées ne peuvent être remplacées que par ces ouvriers; & que
les sujets ont actuellement presque
partout plus de terres qu'ils n'en
pourroient cultiver, s'ils leur don-
noient une bonne culture. Cette disette d'ouvriers n'est pas sans exception; mais le petit nombre d'exemples de quelques terres n'est point
à considérer, lorsqu' il s'agit de
l'intérêt général, & d'un intérêt aussi
important. Il est facile & nécessaire
de prévoir & de prévenir cet inconvénient. Pour y remédier, beaucoup de Seigneurs seront obligés de
faire venir des cultivateurs à gages
ou à journées de chez l'étranger.
C'est-là un article de dépense à ajouter à ceux des achats des bestiaux,
& peut-être de construction de gran-
ges & d'écuries. Ces dépenses nécessaires pour fonder l'établissement
d'une nouvelle culture & d'un nouvel ordre d'économie, doivent former pour chaque Seigneur une somme quelconque d'avances à faire.
Il leur sera facile de constater ces

par une bonne culture, le moyen de procu-rer les fonds nécessai-res.

Q 4 avan-

avances par un état exact, rélatif à
la situation, à l'étendue des leurs
terres, à la bonne culture à donner
& au nouvel ordre d'économie à établir. Mais on peut raisonnablement
s'attendre que peu de Seigneurs seront en état de faire ces avances.
L'estime qui est due aux Seigneurs,
autorise à croire que ce sera-là
la seule difficulté qui puisse arrêter
l'exécution d'un plan si évidemment
conforme à leurs intérêts, à ceux de
l'Etat & au bien de l'humanité.

Le Souverain peut lever cet obstacle. Il peut faire former par ses
finances une caisse d'emprunt, ouver-
te pour tous les Seigneurs hors d'é-
tat de faire les avances, que demande l'amélioration proposée; faire prê-
ter à chacun d'eux à intérêt la somme pour laquelle ils auront sou-
scrit, hypothéquée par privilége sur
leurs terres, à la charge du rembour-
sement dans un délai préscrit: ce
qui établit naturellement en peu de
tems à côté de la caisse d'emprunt,
une caisse d'amortissement qui ne sauroit manquer; enforte que les finances de l'Etat ne souffrent pas la moindre gêne de cette opération: & l'on

donne

donne cependant à la confiance du public la bafe la plus folide & la plus certaine. L'on ne peut faire un ufage du credit du Souverain en même tems fi facile, fi peu onéreux & fi utile pour l'Etat. Par ce fecours le Souverain oblige les Seigneurs de concourrir avec zéle à établir les fondemens de la profpérité des peuples. Ce feroit un fpectacle intéreffant, que donneroit un Souverain en prêtant de l'argent à fes fujets pour accroître leur bien-être & leur fortune, au lieu de les épuifer par l'excés des impôts.

Dans quelques Etats, les droits, où les prétentions des Seigneurs, préfentent d'autres difficultés, auxquelles il eft néceffaire de répondre.

Les Seigneurs fe prétendent propriétaires de toute l'étendue de leurs terres. De-là le droit d'impofer aux ceffions, qu'ils font à leurs fujets, des charges à leur gré, & de les retirer à volonté, parcequ'ils en confervent toujours la propriété. Ils prétendent même une propriété fur les perfones.

Suppofons ces propriétés légitimes: que refulte-t-il pour l'avanta-

Réponfe
à d'au-
tres diffi-
cultés.

Q 5   ge

ge des Seigneurs, de l'ufage qu'ils
font de ces propriétés? une plus grande quantité de corvées pour cultiver
une plus grande étendue de terre,
& cependant la néceffité de céder
une partie de leurs terres à des païfans à cultiver pour eux - mêmes
comme fi leurs Seigneurs leur en
avoient donné la propriété, afin de
fe procurer par cette ceffion la quantité de corvées, qu'ils veulent avoir.
Mais en eft - il moins certain que
leurs terres & celles de leurs fujets
font également mal cultivées, & ne
rapportent pas la moitié de ce qu'.
elles devroient produire, & que tout
l'avantage que les Seigneurs retirent
de cette propriété qu'ils fe refervent
fur les terres cedées, ainfique de l'efclavage qu'ils exercent fur leurs fujets,
confifte uniquement à entretenir leurs
terres en culture fans débourfer de
l'argent, mais dans une trés mauvaife culture & en perdant tous les ans
plus de la moitié des productions &
du revenu dont ils jouiroient, fi, tous
leurs droits convertis en un équivalent en fruits, les fujets propriétaires de leurs conceffions & de leurs
perfonnes, les domaines Seigneuriaux

étoient

étoient cultivés comme ils le font dans les païs libres.

Si le païfan ceffionaire, pour prix de la ceffion vous donne des fruits plus que fuffifans pour païer les frais d'une bonne culture des terres que vous vous étes refervées, & que vous ne faites valoir actuellement qu'avec fa corvée, devez-vous donc héfiter dans le choi.? l'avantage de l'équivalent n'eft-il pas démontré? S. Exc. M. le comte de ***, en changeant ainfi la culture, l'adminiftration & & l'économie de fes terres en Boheme, les a-t-il détériorées? Il en a confidérablement augmenté les revenus: il en jouit actuellement, & ce qui eft bien intéreffant pour une ame noble & fenfible, il jouit en même tems du plaifir de voir l'aifance qu'il a répandue chez tous fes fujets. Il faut plaindre quiconque pourroit être infenfible à cet exemple, & encore plus celui à qui un cerf de fa forêt eft plus cher, qu'un paifan de fon village.

Dire que vos païfans fe refuferont à la converfion de leurs corvées en un équivalent en fruits; c'eft dire qu'ils préferent l'efclavage à la liber-

berté. Ils font donc tellement dé‑
gradés & abrutis par la fervitude,
qu'ils n'ont pas le courage de fe croi‑
re des hommes. Peut‑être crain‑
dront‑ils que par un changement
d'ufage, on ne veuille encore appé‑
fantir leurs chaines: il eſt naturel à
l'efclave de fe méfier de fon maître.
La nature ne fe dément point: elle
eſt partout la‑même. Qu'on effaïe
de les traiter comme des hommes,
on les verra bientôt fenfibles aux
avantages de la liberté, fe livrer à
la joïe, travailler avec plus d'activi‑
té & transformer leurs champs en
jardins. On diſtinguera alors par
l'abondance des fruits, les terres cul‑
tivées par des mains libres, de cel‑
les qui ne le font que par des Ef‑
claves.

Conclu‑
ſion.

Telle eſt la maniére dont les Sei‑
gneurs doivent mettre la main à la
charrue. C'eſt ainſi qu'ils doivent
être des cultivateurs, non en appli‑
quant leurs mains foibles & délicates
aux travaux pénibles de la culture
des terres, non en traçant des fil‑
lons, mais en emploïant la généroſi‑
té & l'élevation de leur ame, la
force de leur génie, leurs foins &
tou‑

toutes leurs connoiſſances à les diriger. Leur exemple ſera pour leurs
ſujets une inſtruction ſure, ſimple &
facile, qu'ils ſaiſiront promptement.
L'exemple eſt le ſeul moïen d'inſtrui-
re le général des cultivateurs, & il
eſt inconteſtablement du devoir des
Seigneurs & de leur intérêt de leur
donner cet exemple.

———

Chap. V.

DE L'IMPOT TERRITO-RIAL.

Ce ne seroit pas encore assez que d'avoir converti tous les droits seigneuriaux en un équivalent en fruits, pour relever l'agriculture, porter la somme des productions naturelles de l'Etat à plus du double, & doubler sa population. La partie de l'impôt qui porte sur les terres, doit être mise dans un nouvel ordre: il faut changer la forme de sa perception. On le perçoit en argent; il doit aussi être converti en un équivalent en fruits.

Henr. IV. disoit avec joïe, *je crois que tout ce que j'ai, appartient à mes sujets, & mes sujets croïent que tout ce qu'ils ont, est à moi.* Voilà le portrait du père de famille, qui se croit riche par la richesse de ses enfans. C'est-là le premier principe des finances du Souverain ; si l'on entend par cette richesse celle des campagnes, celle dont Henri à l'aide de son Ministre Sully, avoit fait l'objet capital de tous ses soins.

En

En effet la richeſſe des villes n'a point d'autre ſource, que dans la richeſſe des campagnes. C'eſt l'abondance des productions de la terre, qui conſtitue l'opulence des villes, même des villes de commerce, celle des Cours & des Courtiſans.

La richeſſe des campagnes eſt en même tems la ſource unique de la finance: elle ne fournit pas directement tout le produit qui compoſe ce qu'on appelle *la Finance* : mais cette richeſſe eſt la ſource de toutes les richeſſes qui produiſent les différentes branches de commerce & d'induſtrie ſur lesquelles on établit les différentes branches de la finance. C'eſt parceque les richeſſes de l'induſtrie & du commerce dépendent entiérement chez une nation agricole, de celle de l'agriculture, de la richeſſe territoriale qui eſt la premiere , la vraie & la ſolide richeſſe ; que celles de l'induſtrie & du commerce ſont infiniment précaires. C'eſt leur dépendance encore de l'agriculture, qui conſtitue eſſentiellement l'agriculture la ſource univerſelle de la totalité des revenus de la finance, puisque les produits de l'induſtrie & du commerce

ce ne se forment & ne peuvent se former, qu'avec les productions des terres.

Ainsi les impôts personnels, les
douanes ou droits d'entrée & de sortie,
les droits sur les consommations &
tous les autres impôts semblables,
qui ne portent pas directement sur les
terres, ont cependant tous leur source dans l'agriculture; & toutes ces
différentes branches de la finance ne
sauroient être onéreuses, tant qu'elles ne tendent point à la détériora-
tion de la culture des terres & à la
diminution des productions de l Etat;
ce qui n'arrivera jamais, lorsque les
impôts n'attaqueront pas la population, l'industrie & le commerce, &
laisseront toujours à ces deux agens
la liberté d'entretenir, soit par l'exportation, soit par la fabrication, le
montant des consommations dont l'a-
griculture a besoin.   Car tant que
les cultivateurs trouveront par le débouché de leurs productions, un bénéfice & l'aisance de la vie, qui ne
leur sera point enlevée par l'excés
ou par le vice de la forme de l'impôt, l'agriculture sera florisante: &
l' agriculture de l'Etat toujours riche , sera toujours la source de la
ri-

richeffe de toutes les branches de l'impôt, qui fe perçoivent fans l'alté-rer; & la richeffe de cette fource donnera des accroiffemens infinis aux douanes & à tous les impôts qui portent fur le luxe.

Confidérons un moment ici le Souverain, comme le Seigneur d'une grande étendue de terres. On peut faire à ce Seigneur deux propofitions pour l'enrichir.

Iere PROPOSITION.

Tous fes fermiers, tous ceux qui lui doivent des droits en argent à raifon de quelques poffeffions dans fes terres, lui paient tout ce qu'ils peuvent paier fans prendre fur leur fubfiftance. Cependant on peut en exiger d'avantage, parceque le Seigneur a le moien de les foumettre à une augmentation. Cet accroiffement de revenu fera fenfible, le Seigneur en jouira pendant quelques momens. Mais fort promptement fes fermiers manquant de fubfiftance & de forces pour foutenir une bonne culture, feront obligés de laiffer une partie de fes terres en non-valeur.

R   Ils

Ils païeront mal , ou déviendront tout-à-fait infolvables & déferteront , & les terres du Seigneur fe trouveront enfin infiniment dégradées & appauvries par un accroiffement de revenu fi mal entendu.

Tels font les projets de finance qu'on préfente aujourd'hui à la plûpart des Souverains.

2de PROPOSITION.

Je trouve un tiers des terres de ce Seigneur en repos, & les deux autres tiers fi mal cultivés, qu'ils ne produifent pas la moitié de ce qu'ils devroient naturellement produire: en même tems la réproduction des beftiaux eft entiérement négligée, & ne rapporte rien. Je lui propofe de foumettre fes terres, bien garnies de beftiaux, à une bonne méthode de culture & à une fage économie. Je ne lui demande point combien fes terres lui rapportent actuellement , mais je ne crains pas de l'affurer que l'exécution de cette feconde propofition n'exige pas plus de tems pour doubler tout au moins les revenus de fes terres, l'enrichir & enrichir les

cul-

cultivateurs, que l'exécution de la premiere en demande pour mettre ſes terres en non-valeur & le ruiner.

L'exécution de la premiere propoſition ruine le Seigneur en épuiſant ſes revenus dans leur ſource, & l'exécution de la ſeconde l'enrichit, parcequ'elle enrichit la ſource de ſes revenus.

Nous avons peu de Gouvernemens, où l'adminiſtration des finances ait donné à l'agriculture, à cette ſource de la richeſſe & de la proſpérité de l'Etat, tous les ſoins & toute l'attention qu'elle demande, parceque cette ſource ſemble ne préſenter aux beſoins des finances que des ſecours éloignés, qu'on veut des ſecours prompts, & qu'on n'eſt vraïement ſenſible qu'aux reſſources du moment, & ſurtout aux reſſources dont on peut calculer le montant en argent dans un inſtant rélativement aux beſoins préſents. C'eſt ce qui a fait admettre en Angleterre, en France, & ailleurs tant de branches de finance, où une ſi grande diverſité d'impôts, qui contrediſent l'agriculture, c'eſt-à-dire qui détériorent ou détruiſent la ſource des finances, &

succeſſivement les vraïes reſſources
de l'Etat.

D'un autre côté l'intérêt perſonnel des projettants en finance, les a
toujours détournés de porter leurs
ſoins ſur les reſſources de l'agriculture ; parceque tout projet qui n'a
pour objet, que les moïens d'enrichir la finance par l'agriculture, ne
ſauroit renfermer un intérêt perſonnel pour celui qui en eſt l'auteur.
Cependant un projet qui multiplie à
l'infini les richeſſes & les reſſources
de l'Etat par l'agriculture, eſt le
meilleur projet de finance; que tous
les efforts de la politique & de l'expérience peuvent offrir à l'adminiſtration. On a ſouvent dit, & l'on
dit encore tous les jours avec raiſon, que les reſſources de la France
ſont infinies ; & on le dit ordinaire-
ment ſans donner aucune attention
à la vraïe ſource où elle a puiſé ſes
richeſſes, toutes les fois qu'elle a
pris le premier rang parmi les puiſſances de l'Europe, ou qu'après avoir
longtems lutté contre les plus grandes calamités, elle s'eſt promptement relevée. Ses vraïes reſſources
ſe ſont toujours trouvées dans l'agri-
cul-

culture, dans la variété & l'abondance de ſes productions naturelles.
L'induſtrie & le commerce ont donné
quelques accroiſſemens à ſes richeſſes
naturelles, aux productions de l'a-
griculture, depuis environ un ſiécle.
Mais quelles reſſources n'a-t-elle
pas montrées dans tous les tems &
dans les tems où tout ſon commerce
étoit paſſif & ſon induſtrie n'étoit presque rien? Les beaux jours d'une nation agricole diſparoiſſent toujours
lorſque ſon agriculture dépérit ; &
rétablir l'agriculture dans un état
floriſſant, c'eſt le ſeul moien de la rappeller à ſon premier état de proſpérité. Sans cette premiere baſe, on
ne fera que des efforts impuiſſans par
l'induſtrie & le commerce.

On peut donner un accroiſſement
infiniment précieux à l'amélioration
des terres de l'Etat par la converſion
des corvées & des droits en argent,
en un équivalent en fruits, en y
ajoutant la converſion de l'impôt
territorial auſſi en un équivalent en
fruits. Cette nouvelle forme donnée
à l'impôt direct ſur les terres, eſt un
moien ſûr de doubler en peu d'années le produit des finances, & d'é-

§. 2.
Conver-
ſion de
l'impôt
territo-
rial en
un équi-
valent en
fruits.

 ta-

tablir en même tems l'aifance chez tous les cultivateurs.

L'idée de fubſtituer une dîme roïale à l'impôt fur les terres , publiée en France fous le nom du Maréchal de *Vauban* , y fut généralement applaudie , & cependant cette forme nouvelle de l'impôt a toujours été jugée impraticable par le Miniſtère de la finance. On fe tromperoit, fi l'on croyoit cette forme mauvaife par la feule raifon que le Miniſtère de France ne l'a point adoptée.

1°. On vouloit réduire toutes les branches de l'impôt à cette dîme , à cet impôt unique ; ce qui n'étoit pas poſſible fans détruire la propriété. Autrement cet impôt n'auroit pu répondre à l'étendue des befoins de l'Etat. Il refultoit d'ailleurs de cette forme d'impôt unique, une injuſte inégalité entre les fujets dans la contribution aux charges publiques. Par-là on auroit exempté de l'impôt toutes les valeurs nouvelles que les productions de la terre reçoivent des mains de l'induſtrie; & on s'éloignoit du but de toute bonne adminiſtration , qui outre l'égalité dans le traitement qu'on fait

aux

aux fujets, exige qu'on étende l'impôt à autant d'objets & de contribuables, qu'il eft poffible, pour rendre le poids de l'impôt plus léger, & la répartition plus douce.

2°. On propofoit de faire percevoir cette dîme pour le compte du Roi, d'établir autant de greniers qu'il y a de paroiffes ou communautés dans le Roïaume; ce qui préfentoit des dépenfes énormes à faire en conftruction, en emploïés & en frais de garde. Qui répondra, difoit-on, de l'intelligence & de la fidélité des intendans, des commis, des gardes-magafins, & que les non-valeurs ne fe multiplieront pas à l'infini dans le recouvrement de la dîme, dans les greniers mêmes & dans la vente des grains? *Chardin* dit qu'en Perfe les droits du Roi fur les denrées fe païent auffi en denrées : Hérodote affure que cet ufage étoit partiqué autrefois dans le même païs jufqu'à *Darius.* ,, Mais, dit à ce fujet le citoyen de Geneve, à moins qu'en Perfe les intendans, directeurs, commis & gardes-magafins ne foient une autre efpèce de gens que partout ailleurs, j'ai peine à croire qu'il arrive jusqu'au Roi la moindre chofe de tous ces produits, que les blés ne fe gâtent pas dans tous les greniers, & que le feu ne confume pas la plûpart des magafins. „

3°. Il n'étoit pas poffible de folder les avances faites au Roi par les receveurs généraux & particuliers des tailles ; encore moins de trouver les moïens de faire faire de femblables avances par les receveurs & gardes-magafins de la dîme, ou de s'aider des greniers de la dîme au moment des befoins preffans de l'Etat, autrement que par des ventes précipitées & à vil prix, par conféquent avec des pertes énormes.

4°. Il falloit d'ailleurs changer entiérement l'ordre de la comptabilité, & fupprimer des charges de receveurs généraux & particuliers des finances pour plus de foixante millions de finance qu'il auroit fallu rembourfer.

Tous ces inconvéniens, & peut-être quelques intéréts perfonels qui s'y font joints, ont toujours fait rejetter du fyfteme des finances, le projet de la dîme roiale, dont on a fouvent renouvellé la propofition.

De

De tous ces inconvéniens, il n'y a que les deux premiers à écarter à l'égard de tout païs, où l'adminiſtration n'eſt point embarraſsée par des charges de finance, ni par des avances & des dépenſes du produit des impôts par anticipation. Il ne ſeroit pas difficile de démontrer qu'en France même on pourroit ſurmonter tous ces obſtacles avec des avantages infinis.

1°. On ne propoſe point de réduire toutes les branches de l'impôt à la dîme des fruits, mais de rendre l'impôt ſur les terres le moins onéreux qu'il eſt poſſible; d'en rendre la perception plus ſimple, plus facile, & exempte de frais & de vexations; ce qui eſt à l'avantage reſpectif du Souverain & des ſujets.

2°. L'Etat n'a beſoin pour la perception de la dîme, ni d'emploïés, ni de greniers, ni de gardes - magaſins. Si ce projet n'eût préſenté en France que ce ſeul obſtacle, on l'eût facilement ſurmonté en imitant la perception des dîmes eccléſiaſtiques. Car en France il n'y a point de terres exemptes de la dîme, & toutes les dîmes y appartiennent à l'égliſe.

R 5

On

On y tient même pour maxime qu'-
elles lui appartiennent de droit divin.
Chaque paroiffe a un décimateur,
qui eft à titre de Curé primitif, un
Evêque, ou un Chapitre, un Abbé,
un Prieur, ou un Couvent. Tous
ces décimateurs afferment leurs dîmes, en jouiffent la plûpart à des
diftances trés-éloignées de leur de-
meure, & font réguliérement païés.
On peut s'en rapporter aux Eccléfia-
ftiques pour être affuré qu'ils afferment leurs dimes à un jufte prix,
qui ne laiffe que trés-peu de bénéfice aux fermiers. Il n'y a point ici
de non-valeurs; les bonnes années dé-
dommagent les fermiers des mauvai-
fes. Le prix du bail eft toujours
exactement païé par trois ou fix mois
de terme.

Il femble facile de faifir cette forme nouvelle d'affeoir l'impôt fur les
terres & de le percevoir. Dans cette
forme on n'a rien à craindre de l'in-
fidélité des intendans, des directeurs,
commis & gardes-magafins, ni que
les grains fe gâtent ou qu'il furvien-
ne des incendies, comme le croit Mr.
Rouffeau.

Le

Le montant de l'impôt fur les terres confifte dans une fomme d'argent comptant déterminée, qui doit être tous les ans la-même, dont la répartition fe fait fur les propriétaires des terres en proporportion de l'étendue de leurs propriétés. On fait donc quelle fomme une étendue de terre donnée, dans chaque Roïaume & dans chaque province, doit porter d'impôt. Il s'agit d'établir fur cette même étendue de terre donnée, une dîme qui par la quotité, à laquelle on la fixera, rende année commune, eu égard au prix commun des fruits à la recolte, & le bénéfice à faire par le fermier prélevé, exactement la même fomme qui eft imposée en argent. Il eft aifé de fixer fur ce pié-là le taux ou quotité d'une dîme à établir, qui produife exactement & infailliblement tous les ans la même fomme en argent. On ne fauroit fe tromper fur l'eftimation, fi l'on veut être exact; & fi l'eftimation eft exacte, il eft impoffible que le Fifc y perde. Il n'y a d'ailleurs aucuns frais de recette à faire: chaque fermier des dîmes eft obligé de porter lui-même le prix

de

de ſa ferme au tréſor public, dans
les termes préſcrits par ſon bail. Tous
les frais de perception conſiſtent uniquement dans le petit bénéfice que
fait le fermier, & ce bénéfice ſe trouve dans la dîme même dont le taux
eſt fixé ſur le pié de ce bénéfice.
Tous les hazards font d'ailleurs pour
le fermier, qui eſt toujours dédom-
magé d'une mauvaiſe année par les
années d'abondance & par les avantages du commerce.

On dira que le bénéfice du fermier ſera un accroiſſement donné à
l'impôt : & cela n'eſt pas douteux,
ſi l'on ſuppoſe que l'agriculture reſ-
tera dans l'état d'indigence où elle
eſt. Dans cette ſuppoſition même
l'accroiſſement donné par le bénéfice
du fermier à l'impôt, ſur les propriétaires, eſt preſque inſenſible, & ils
en ſont amplement dédommagés par
mille avantages que leur procure
cette forme nouvelle de l'impôt.
Pourroit-on d'ailleurs comparer le
petit bénéfice du fermier avec les
frais de perception de l'impôt en argent, qui tombent ſur les cultivateurs & ſur ceux des cultivateurs
pour lesquels l'intérét de l'Etat de-

man-

mande le plus de ménagement, &
qui doublent souvent le montant de
l'impôt? Mais comme l'amélioration
de l'agriculture doit avoir lieu infailliblement & faire des progrès infinis, le propriétaire s'enrichit, les
bénéfices du fermier ne lui font pas
de fenfation, & l'impôt s'accroit de
lui-même fans être nuifible, fans
être deftructif, même fans que le
propriétaire s'en apperçoive.

Si on doute de ces avantages,
la prudence veut tout au moins qu'-
on faffe des effais de cette forme
nouvelle à donner à l'impôt territorial, fur cinq ou fix paroiffes, plus
ou moins, dans différentes provinces, pour mieux connoître ces avantages, & prévenir tout inconvénient.
Il femble qu'on ne doit pas mettre
ces avantages en queftion: ils font
trop frappans. Mais la fageffe veut
peut-être qu'on détermine par l'expérience, la maniére de procéder
pour former cet établiffement.

Tel doit être le réfultat des effais,
s'ils font bien faits. On fera affuré
par l'expérience, d'être parvenu à
écarter entiérement de l'impôt fur les
terres, l'arbitraire, & d'avoir trouvé

le

le moïen de faire une répartition égale, ce qui a été juſqu' à préſent impoſſible chez toutes les nations agricoles : on ſera aſſuré que l'impôt
ſe trouvera ainſi aſſis pour toujours
ſur un pié juſte & invariable , puisqu'il ſera toujours rélatif au produit
des terres , & dans une répartition
toujours conſtante & toujours géo-
métriquement égale entre tous les
propriétaires. En même tems l'impôt
dans cette forme recevra tous les ans
des accroiſſemens progreſſifs en proportion de ceux que la meilleure
culture donnera aux productions de
la terre, ſans qu'il ſoit poſſible qu'il
ſe gliſſe à l'avenir, ni erreur, ni arbitraire, ni injuſtice, ni excès dans
l'impôt territorial ; ni vexation dans
la perception, quelles que ſoient les
variations futures dans l'amélioration
des terres, de l'induſtrie, du commerce & de la valeur numéraire de l'or
& de l'argent : enſorte que ſi les productions naturelles de l'Etat ſont
doublées ou triplées par l'amélioration des terres, que produira infailliblement la converſion en un équivalent en fruits de toutes les preſta-
tions perſonnelles & en argent dues

par

par les cultivateurs, l'impôt territorial se trouvera double ou triple tout naturellement sans aucune innovation, sans aucune peine & sans aucun soin de la part du gouvernement.

On s'assurera encore par des essais faits avec les soins & l'exactitude que demande une matière si intéressante pour l'Etat à tous égards, que la dîme est de tous les impôts le moins onéreux. La dîme ecclésiastique est générale & très-rigoureuse en France. Cependant les sujets ne s'en sont jamais plaints, pas même du droit de champart, qui est une dîme seigneuriale, qui a lieu dans quelques provinces en sus de la dîme ecclésiastique. Ils ont souvent désiré au-contraire la conversion de l'impôt en une dîme. Indépendamment de l'arbitraire, de l'inégalité, ou des erreurs qui accompagnent l'impôt en argent ; des vexations ou des frais de poursuite dans la perception, d'où résulte souvent l'oppression la plus destructive; le vœu de la part du cultivateur n'est-il pas encore bien naturel, par la seule raison qu'il ne recueille que des fruits,

&

& qu'il eft forcé de vendre fes fruits à contre-tems pour fe procurer l'argent qu'il doit à fon Souverain & à fon Seigneur? La néceffité feule de trouver cet argent à des termes préfix, le précipite dans l'indigence. S'il a recueilli 50 mefures de grains, les femences prélevées ; s'il lui en faut 25 pour faire l'argent qu'on lui demande & 25 pour vivre; & fi 25 ne lui fourniffent pas fon argent parceque le Fifc & le Seigneur n'attendent pas le moment où il peut vendre fes grains à un bon prix; fi pour fe libérer, il eft forcé d'en vendre 35 ou 40 mefures, il ne lui refte pas de pain pour la moitié de l'année : s'il eft obligé de vendre de fes beftiaux avec le même défavantage, il eft perdu fans reffource. On a reconnu en Efpagne depuis très-long tems la néceffité de laiffer aux cultivateurs une liberté entière de difpofer de leur recolte pendant les trois quarts ou les deux tiers de l'année. On ne commence le recouvrement de l'impôt de l'année courante qu'au mois de Septembre de l'année d'enfuite : c'eft-à-dire que l'impôt qui porte fur la recolte de 1770,

1770, ne fe paie que dans les mois de feptembre , octobre , novembre & decembre 1771. L'Efpagne eft la feule Monarchie où l'on ait traité l'impôt territorial avec cette douceur.

Pour connoître toute l'étendue de la fâcheufe impreſſion que l'impôt en argent fait fur l'agriculture, il faut obferver que les grains font une denrée que les impôts ne renchériſſent point fur les lieux de la production, & dont malgré fon abfolue néceſſité la quantité diminue chez les cultivateurs , fans que le prix en augmente; ce qui fait que beaucoup de gens dans les campagnes meurent de faim quoique le blé continue d'être à bon marché. Les droits fur les marchandifes qui en font hauffer le prix, font paiés par les acheteurs; le marchand les avance , mais il fait à cet égard la loi aux confommateurs. Mais le laboureur , qui , foit qu'il vende ou non, eft contraint de paier à des termes fixes pour le terrein qu'il cultive, n'eft pas le maître d'attendre qu'on mette à fa denrée le prix qu'il lui plait; il eft forcé de la vendre pour paier; deforteque c'eft

S

quel-

quelquefois l'énormité de l'impôt
qui maintient la denrée à vil prix,
en forçant les cultivateurs de porter
leurs blés au marché tous dans le
même tems ; ce qui fait qu'ils en
aviliſſent eux-mêmes le prix par leur
concurrence. Alors l'abondance s'é-
tablit au marché, & la difette dans
les campagnes. C'eſt ainſi que l'impôt en argent fur les cultivateurs attaque plus ou moins, mais toujours
infailliblement la fubſiſtance de l'E-
tat jusques dans fa fource. Par la
nature & l'excès de cet impôt, on
dépeuple un païs & on le ruine à la
longue.

On peut faire ici une obfervation
aſſez importante , qui peut-être a
échappé à bien des politiques, au
fujet de l'impôt territorial en argent.
Indépendemment des pertes que les
cultivateurs éprouvent presque toujours, par les ventes prématurées ou
précipitées de leurs productions, pour
fe procurer l'argent comptant que leur
demande le collecteur de l'impôt, il
refulte encore un inconvénient bien
frappant & bien deſtructif de cette
forme de l'impôt, aux yeux de quiconque voudra faire attention à la

né-

néceffité d'une circulation qui entretienne fans ceffe une fomme de numéraire dans leurs mains. Leurs befoins, les travaux, l'économie, que demandent les productions annuelles, exigent continuellement la préfence de l'argent. Calculez les fommes que l'impôt enleve áux cultivateurs, & le tems qu'il faut pour faire paffer ces fommes de leurs mains jusques à la derniere caiffe de l'Etat, & de cette derniere caiffe, pourque cet argent foit reporté dans leurs mains par les dépenfes de l'Etat; & vous verrez, en fuppofant même un impôt modéré & la circulation très-active, une longue abfence du numéraire chez les cultivateurs, qui les met dans l'impoffibilité de fournir à tems à tous les frais que demande l'entretien ou l'accroiffement des productions annuelles.

(*a*) L'expérience fera faire enfin une diftinction bien importante, entre les ouvriers de l'agriculture & ceux de tout autre genre d'induftrie: on fera enfin convaincu que fi on

S 2

veut

______

(*a*) Cet objet eft traité dans un plus grand détail à l'article *de l'impôt en général.*

veut non ſeulement être juſte & hu‑
main, mais conſerver & étendre la
claſſe d'hommes la plus néceſſaire &
la plus précieuſe, celle qui ne poſſé‑
de aucune ſorte de bien, & qui n'offre
à l'Etat que des bras pour ſa défenſe,
ou pour la culture de ſon territoire, ne
doit païer aucune contribution; par‑
cequ'on ne peut rien prendre ſur ſon
ſalaire, ſans le priver d'une partie
de ſa ſubſiſtance, & conſéquemment
ſans le détruire: car le ſalaire de ſes
peines n'éxcéde jamais ſes beſoins.
L'ouvrier de l'agriculture n'a de
part dans les productions que ſes
bras font croître, que celle qui lui
eſt rigoureuſement néceſſaire pour vi‑
vre; & la vie du ſujet qui travaille
à la terre, eſt le premier beſoin de
l'Etat. La production de ſon travail
eſt huit ou dix fois au deſſus du prix
de ſon ſalaire, & c'eſt ſur cet excé‑
dent de valeur, ſur cet excédent du
fruit de ſon travail, qui n'eſt jamais
dans ſes mains, que doivent ſe lever
toutes les contributions de toute eſ‑
pèce. Cette claſſe d'hommes païe
l'impôt par ſon exiſtence même dans
l'Etat, puisque ſon exiſtence eſt la

prin‑

principale fource de la richeffe publique, & que c'eft fon exiftence feule qui entretient l'agriculture dans
un état floriffant. Car dans tout païs
où il y a de grandes propriétés, &
où cette claffe d'hommes manque,
l'agriculture eft en mauvais état.

On peut objecter ici que fi l'ouvrier de l'agriculture étoit exempt de
tout impôt, il travailleroit moins.
Cela arriveroit fans doute là où l'ouvrier pourroit gagner en peu de jours
de quoi fe nourrir toute la femaine;
parcequ'il eft naturel à l'homme de
préférer le repos au travail, de fe
livrer à l'oifiveté & de vivre fans
peine. Il n'y a peut-être point de
païs en Europe où les journées des
ouvriers qui travaillent à la terre,
foient affez fortes, pour leur donner
ce fuperflu qui leur permettroit de fe
livrer à l'oifiveté fans manquer du
néceffaire, ou s'expofer à mourrir de
faim; mais s'il y en avoit, cette efpèce de libertinage ne feroit point à
craindre de la part des chefs de famille, & l'impôt ne devroit affecter
que les hommes non mariés : parceque en ce cas l'impôt puniroit le vi-

S 3

ce,

ce, & feroit un hommage rendu à la vertu, & une bonne loi de police.

Dans quelques Etats de l'Europe, les Seigneurs font chargés perſonnellement de païer l'impôt territorial de toute l'étendue de leurs terres, fur le pié d'une eftimation ancienne qui eft auffi jufte qu'un cadaftre le peut être, & de faire enfuite fur leurs païfans le recouvrement de ce que chacun d'eux doit d'impôt rélativement à l'étendue de leurs poffeffions.

On a fait l'éloge de cette forme d'affeoir & de lever l'impôt fur les terres. M. de Montesquieu même a été frappé de la bonté de cette forme de percevoir l'impôt territorial. L'impôt eft affis fur un *pié*, ou eftimation une fois faite & invariable, qui écarte l'arbitraire de l'impôt; car l'arbitraire eft presque partout l'un des grands inconvéniens qui accompagnent l'impôt territorial. En même tems le recrouvrement toujours affuré par la garantie folidaire des Seigneurs, ne coûte rien au Souverain, & les finances n'éprouvent jamais de non-valeur. Il n'y a point d'emploïés, ni de receveurs à
païer.

païer. L'impôt paffe de la premiere main au tréfor public fans rien perdre fur la route, fans aucuns frais; pendant que presque dans tous les autres Etats, les frais de la route de l'impôt, depuis la premiere main jusqu'à la derniere caiffe de l'Etat, en abforbent une grande partie. Il réfulte encore de la garantie des Seigneurs, un avantage bien précieux à l'Etat. Ils font intéreffés à veiller à la confervation, au bien-être des fujets, & à empêcher qu'ils ne tombent en non-valeur.

Voilà des avantages inconteftables, qu'on n'a point encore fu fe procurer ailleurs dans l'adminiftration de l'impôt territorial; & cependant ces avantages ne font pas exempts d'abus, & d'abus très-intéreffants (*a*).

S 4   1°. Le

(*a*) Dans la taxe fur les terres, on fait des roles où l'on met les diverfes claffes des fonds. Mais il eft très-difficile de connoitre les différences, encore plus de trouver des gens qui ne foient pas intéreffés à les méconnoitre. Il y a donc là deux fortes d'injuftices; l'injuftice de l'homme & l'injuftice de la chofe. Mais en général la taxe n'eft point exceffive, fi on laiffe

au

1°. Le *pié* eſt invariable, mais il ne s'en ſuit pas de-là que l'eſtimation ait été bien faite, ni qu'elle n'ait pas varié, & ne varie pas tous les jours. Le cadaſtre dans lequel les terres ſont portées par meſure, diviſées en trois claſſes & eſtimées bonnes, médiocres & mauvaiſes, eſt le meilleur principe que l'art de l'adminiſtration ait pu produire jusqu'à préſent ſur cette matiere ; quoiqu'il eût été très-raiſonnable de diviſer les terres en un bien plus grand nombre de claſſes. Cependant ce principe eſt encore défectueux. Si l'on ſuppoſe qu'il n'y a point eu d'erreur dans l'eſtimation, ou que l'arbitraire n'y a eu aucune part ; on ne ſauroit ſuppoſer qu'il n'eſt ſurvenu aucune variation, aucun changement. On ſait que pluſieurs accidens peuvent changer la nature d'un champ : une inondation peut le rendre infertile, comme il arrive auſſi quelque

fois

---

au peuple un néceſſaire abondant, les injuſtices particulieres ne ſont rien. Que ſi au contraire on ne laiſſe au peuple que ce qu'il faut à la rigueur pour vivre, la moindre disproportion ſera de la plus grande conſéquence. *M. de Montesquieu.*

fois que par une inondation un terrain mauvais, ou d'une qualité très-mediocre, eft transformé en une terre très-fertile. Cet accident a fouvent ruiné le colon actuel, & enrichi fon fucceffeur. Par de pareils accidens une bonne prairie peut être détruite en tout ou en partie, & une mauvaife peut dévenir bonne. Des terres fur les bords des torrens & des rivières, peuvent perdre tous-les-jours de leur mefure ou recevoir des accroiffemens. Enfin l'art de la culture change fouvent l'ordre établi par l'eftimation d'un Cadaftre : une bonne terre devient mauvaife fous la main d'un mauvais cultivateur, & la terre médiocre & même fouvent la très-mauvaife eft élevée à la premiere claffe par les foins & le travail d'un cultivateur actif & intelligent.

2°. L'intérêt des Seigneurs dans la confervation de leurs fujets, n'eft pas douteux. Mais les intérêts perfonnels de la plûpart des Seigneurs, & des intérêts qui femblent plus grands & plus directs, font fi négligés, qu'on peut croire que celui qui refulte de leur garantie de l'impôt fur les terres de leurs fujets, a ra-

rement tout leffet qu'il devroit avoir.
Cette garantie n'est-elle pas souvent
dans les mains de leurs officiers un
moïen de plus de s'enrichir par de
fecrets brigandages, par mille vexations fourdes fur les fujets ? Il n'eft
pas rare de voir des Seigneurs à qui
des fujets doivent plufieurs années
de l'impôt ; & fi la crainte du bâton
ou des fers laifloit aux fujets la liberté de fe plaindre, on en trouve-
roit un grand nombre qui ont pâié
tout ou partie de ce qu'ils doivent
aux Seigneurs, à leurs officiers pour
en obtenir des délais. La dette de
l'impôt produit ainfi une nouvelle
chaîne fous le poids de laquelle des
miliers de cultivateurs fuccombent
& tombent en non-valeur pour les
Seigneurs & pour l'Etat. C'eft-
là un genre d'oppreffion très-deftruc-
tive qui accompagne toujours les re-
couvremens de toutes les contributions en argent dues par les cultivateurs, confiés aux officiers des Seigneurs, qui traitent leurs maîtres
exactement comme les gens d'affaires
traitent les Souverains.

C'eft donc faire un bien infini à
l'humanité, à l'Etat & aux Seigneurs,

gneurs , que d'arracher les fujets
des mains oppreſſives de leurs officiers; & la converſion de l'impôt territorial, ainſi que de tous les droits
dus par les cultivateurs en un équivalent en fruits produit néceſſairement cet heureux effet. Il n'en coûte rien alors aux Seigneurs pour protéger leurs fujets ; & l'équivalent de
leurs droits en fruits, qu'une meilleure culture des terres de leurs fujets accroîtra fans ceſſe, eſt un intérét aſſez grand pour les engager à
leur donner des encouragemens &
pour animer la protection qu'ils leur
doivent, avec d'autant plus de fuccès que leurs officiers ne font plus
intéreſſés à la rendre inutile. Le recouvrement de l'impôt de la part de
l'Etat fe fait également fans aucun
frais. Les fermiers portent l'impôt
à la caiſſe de l'Etat, à la place des
Seigneurs, avec une économie abfo-
lument égale.

On pourroit faire un tableau
bien touchant des calamités que la
main du collecteur de l'impôt territorial répand dans d'autres Etats fur
les cultivateurs, par des pourfuites
qui en doublent fouvent le montant;
ca-

calamités qui détruiſent ſans ceſſe le germe de la réproduction , le ſeul principe de la proſpérité de l'Etat, & que la converſion de l'impôt en une dîme feroit ceſſer. Il eſt bien triſte que la plûpart des grands fléaux qui tombent ſur les hommes, ſoient l'ouvrage de leurs mains.

On ne doit pas s'arrêter à l'objection qu'on pourroit faire , tirée de ce que l'impôt converti en une dîme, les devoirs perſonnels & en argent convertis de même, il en réſulteroit que les ſujets païeroient deux dîmes en ſus de celle qu'ils païent actuellement; parceque les dîmes propoſées ne ſont point des charges nouvelles , puiſqu'elles répréſentent des charges qu'ils ont toujours païées dans une forme infiniment plus onéreuſe. Quand même l'équivalent des droits perſonnels & en argent réuni à celui de l'impôt territorial, s'éleveroit juſqu'à la moitié des fruits les ſémences prélevées; il eſt certain, que la forme actuelle de païer les droits & l'impôt ſera toujours plus ruineuſe pour eux , que l'équivalent en fruits. On en a la preuve dans les païs où l'on afferme

me

me des terres à moitié, où les
fermiers partagent par moitié les
fruits de leur travail avec les propriétaires. Cependant ces fermiers
qui d'ailleurs font chargés d'impôts perfonnels, font dans l'aifance.
Il n'eft pas douteux enfin que les
progrès d'une meilleure culture,
rendront infiniment plus leger pour
les cultivateurs, l'équivalent en
fruits de toutes leurs charges, parceque cet équivalent fera levé fur
une plus grande quantité, fur une
plus grande abondance de productions. Plus les terres produiront,
moins l'équivalent fera fenfible aux
cultivateurs, quoique l'abondance
accroiffe le montant de l'équivalent.
Car la proportion n'eft pas la même
entre celui qui paie un cinquiéme
d'une grande quantité de fruits, &
celui qui paie un cinquiéme d'une
petite quantité. La contribution laiffera du fuperflu au premier, pendant
qu'elle abforbera une partie de la
fubfiftance du fecond.

On trouve ces affertions dans un
ouvrage intitulé *Philofophie rurale:*
„douze livres, c'eft à peu près le
prix commun du blé dans les pro-
vin-

vinces de France.   La dîme enleve
alors la moitié du produit.   La dîme eft reglée fur le produit total de
la moiffon, fans exception des frais,
de la femence &c.; enforteque moins
la qualité de la terre , ou l'état de
la culture, ou le prix des productions
rendent de produit net , plus cette
redevance furcharge le revenu, au
point même que fouvent elle le fur-
paffe , & fait abandonner la culture
des terres , qui ne rendent pas un
produit fuffifant pour aquitter cette
charge.   Il eft étonnant, ajoute cet
auteur, que des hommes fages aïent
propofé de régler l'impôt fur le modèle d'une redevance où la contribution eft fi irréguliere & fi nuifible. „

Il eft bien plus étonnant qu'aprés
des calculs infinis & profonds fur les
produits de l'agriculture , l'auteur
refpectable de cet ouvrage ait donné
pour des vérités, des erreurs fi fenfibles.   Il s'agit ici de la dîme ecclé-
fiaftique en France.   1°. Comment
concilier la généralité de ces affertions avec la variété de la quotité de
la dîme ? Car elle n'eft point uniforme dans tout le Royaume.   Elle
eft depuis le 10me jufques au 20me.

Si

Si l'auteur a calculé fur le taux le plus haut qui eft le 10me, il eft tombé dans l'erreur à l'égard de toutes les paroiffes, où la dîme eft au 12e· 16^e· 20^e· &c. 2°· Il n'a fans doute pas prétendu qu'à ces taux au deffous du 10me la dîme enleve la moitié, encore moins la totalité du produit net. Il s'en faut bien même qu'à la 10me gerbe, la dîme enleve la moitié du produit net. On peut aifément s'en convaincre, fans entrer dans fes calculs, dans lesquels il eft trop facile de s'égarer, par des obfervations bien fimples.

1° La dîme eft auffi ancienne en France, que la Religion, & toujours au même taux. Il eft certain encore que la France a été pendant long tems l'un des grands greniers de l'Europe. Croira-t-on que dans ces tems heureux la dîme enlevoit la moitié du produit net des terres, & fouvent au-de-là de la totalité, & faifoit abandonner la culture des terres qui ne rendoient pas un produit fuffifant pour aquitter cette furcharge? Peut-on concilier l'exiftence de ce poids prétendu fi deftructif, avec l'état floriffant où l'agriculture étoit alors,

alors , avec cette abondance de pro=
ductions en France, qui étoit encore
fous les Regnes d'Henri IV. de Louis
XIII. & les premieres années de ce=
lui de Louis XIV. de plus d'un tiers
au-deffus de l'abondance actuelle ?

2°. Pour bien juger du poids de
la dîme, il faut obferver les caufes
du bas prix du blé , du prix com=
mun & de la cherté, dans l'ordre
naturel: c'eft-à-dire dans l'état d'un
impôt modéré & de la liberté du
commerce. Le bas prix n'a point
d'autre caufe que l'abondance généra=
le en Europe, ce qui eft rare. Le prix
commun eft l'effet des recoltes ordi=
naires ; & la cherté, celui de la difet=
te. Au premier cas, l'abondance indem=
nife du bas prix; au fecond, un meil=
leur prix indemnife le cultivaleur, & au
troifième, la cherté l'indemnife enco=
re ; & la dîme n'eft pas plus deftruc=
tive dans l'un que dans l'autre de ces
trois cas. Cela eft bien mieux prou=
vé par l'expérience, que par des cal=
culs. Il n'eft pas poffible que la France
n'ait pas éprouvé, & fréquemment, ces
trois prix pendant le grand nombre
d'années, qu'elle a été l'un des premiers
greniers de l'Europe ; pendant que
fon

son agriculture étoit dans un état floriffant. Si la dîme étoit un poids aufli onéreux, aufli deftructif, qu'on le prétend, l'agriculture auroit-elle pu s'élever & fe foutenir dans cet état, pendant fi longtems & conftamment jusques à l'introduction des prohibitions, des gênes, en un mot jusques à la perte de la liberté du commerce & à l'époque de l'excès des corvées, de la milice & des impots? Il eft certain que lorsque l'agriculture eft opprimée par ces excès, quand les cultivateurs font contraints d'avilir eux-mêmes le prix de leur denrée en établiffant tous à la fois la grande abondance au marché pour païer l'impôt, en y portant une partie de leur fubfiftance, & quand enfin ils font ainfi forcés de cultiver moins & moins bien, fans doute la dîme eft une furcharge. La moindre redevance feigneuriale, le droit le plus leger eft alors onéreux. Mais qu'on fupprime alors la dîme & toute redevance envers le Seigneur, l'agriculture n'en fera pas moins détruite.

3° Sous les regnes d'Henri IV. & de Louis XIII. l'agriculture étoit dans un état de richeſſe naturelle, parceque le commerce étoit libre & l'impôt modéré. Le prix commun du blé étoit d'environ 24 ℔ monnoïe actuelle, & à ce prix l'auteur de la philoſophie rurale eſtime le produit net des terres en grains à 200 p $\frac{0}{0}$. La dîme au taux le plus haut, au 10me levé ſur le produit total, reduit donc le produit net à 170 p $\frac{0}{0}$ eſt-ce-là une ſurcharge deſtructive ?

Si l'impôt abſorbe ces 170 p $\frac{0}{0}$, l'agriculture eſt anéantie, tout eſt perdu, quand même la dîme ſeroit ſupprimée, parcequ'alors il ne reſteroit au cultivateur qu'un 10me de ſon produit net.

Ce n'eſt pas enfin ſur des calculs de frais de culture & de produit net, ſi ſuſceptibles d'erreur, qu'on doit ſe décider ſur la converſion de l'impôt territorial en un équivalent en fruits. La dîme exiſte. L'impôt exiſte auſſi. Vous ne pouvez ſupprimer ni l'une ni l'autre charge. Mais rendez l'impôt plus doux, plus leger ; il le ſera certainement, ſi le cultivateur peut

vous

vous païer avec une mesure de blé en nature, au lieu de vous païer en argent, qu'il ne peut se procurer souvent qu'avec deux mesures ou une mesure & demi: si votre converfion opére un équivalent exact, il est bien certain, qu'il païe moins en païant toujours la même somme que vous en exigez pour l'impôt, ensorteque si dans ce cas l'impôt est encore destructif, il faut avouer qu'il est porté à un excès qui ne laisse de reméde, que dans une diminution.

On ne doit point être embarrassé pour déterminer l'equivalent en fruits de la contribution due en argent par les cultivateurs, si l'on suit dans l'estimation, le principe qui doit être rélatif au prix commun des fruits dans chaque partie de l'Etat. L'égalité doit être établie fur ce principe: une quantité de terre donnée, à portée de la grande confommation, doit être impofée à une plus grande fomme, que la même quantité de terre, éloignée plus ou moins de la grande confommation. Ainfi, fuppofé que l'équivalent de la premiere terre exige une dîme au cinquieme pour rendre vingt mille florins, montant actuel

T 2

de

de l'impôt en argent, la même dîme
au cinquième fur la terre éloignée
ne rendra que quinze mille florins,
parcequ'il doit y avoir une différence d'un quart fur les prix communs
des fruits de l'une & de l'autre, &
par conféquent fur l'impôt en argent.
Si l'impôt en argent n'a pas été re-
parti fur ce principe entre les différentes provinces & les differens cantons
de l'Etat, la répartition eft inégale &
injufte, & ce vice dans l'impôt territorial doit être corrigé. Car les prix
communs des fruits décident abfolu-
ment de l'égalité dans la répartition.
L'eftimation de l'équivalent dans la
paroiffe la plus à portée de la grande confommation, détermine donc
l'eftimation générale, & rend la répartition de l'impôt parfaitement
égale.

La converfion de l'impôt territorial en un équivalent en fruits préfente encore d'autres avantages d'un
prix infini. Quand on examine avec
attention la force de l'adminiftration
générale dans les mains d'un chef
éclairé, qui en eft le point de réunion, on eft étonné des reffources

qu'il

qu'il trouve dans une grande Monarchie pour prévenir tous les befoins publics fans donner atteinte
aux propriétés, fans altérer la caufe
productive, mais en tenant le principe productif & les agens de fon opulence, l'induftrie & le commerce,
toujours en activité. La bonne adminiftration empêche que les hommes & les terres ne tombent en nou-
valeur, & tant que les hommes &
les terres font en valeur dans une
grande Monarchie, fes reffources font
infinies. Les hommes & les terres
font la premiere valeur d'un Etat.
Ce principe eft la bafe de toutes les
autres valeurs qui y exiftent, ou qui
peuvent y exifter. Rien n'eft donc
plus important que de connoître cette premiere valeur, toute l'étendue
qu'elle a, & celle qu'on peut lui donner encore.

Il eft facile & très-néceffaire de
connoître avec affez d'exactitude, le
montant de la population; de la divifer en différentes claffes de fujets
laborieux & induftrieux, de diftinguer celle dont le travail eft le plus
utile au bien général, de connoître
leurs befoins; de les encourager, les

 feſecourir, les favoriſer , ſuivant que l'exige l'intérêt public. Mais la connoiſſance des terres, du montant de leurs productions actuelles dans toute l'étendue de l'Etat, & des reſſources que leur valeur peut lui donner, eſt auſſi une connoiſſance très‑néceſſaire, & qu'il eſt très‑difficile d'aquérir même imparfaitement. Nous n'avons eu jusques à‑préſent aucune meſure dans l'Etat politique d'aucune nation , ſur laquelle on puiſſe faire un calcul exact de la valeur des terres & du montant actuel de leurs diverſes productions ; & cependant cette connoiſſance exacte ſous les yeux de l'adminiſtration , fourniroit mille moïens d'accroitre ce principe & ce premier fonds de toutes les autres valeurs de l'Etat, ou de l'entretenir dans toute ſa force, & de donner enſuite toute l'étendue poſſible aux autres valeurs qui ſont les fruits de l'induſtrie & du commerce.

La dîme ſubſtituée à l'impôt territorial eſt cette meſure exacte , exempte d'erreur, & qu'on chercheroit inutilement ailleurs, ſur laquelle on peut faire en un moment le

cal-

calcul le plus exact, & en même tems le plus important & les plus nécessaire à l'administration. Par cette raison il seroit à désirer que cette dîme ne fût point limitée aux grains de toute sorte, mais qu'elle fût étendue sur toutes les sortes de productions, chanvre, lin, &c. & sur la réproduction des bestiaux, ne fût-elle à cet égard que d'un centième, ou infiniment moindre encore (*a*).

Avec cette mesure on pourra calculer facilement avec exactitude, la somme totale des productions de chaque genre dans toute l'étendue de l'Etat. On connoitra exactement l'état de l'agriculture dans chaque canton, la différence d'un canton à l'autre; on sera mieux instruit des défauts à corriger dans la culture des différentes terres, & des vrais moïens de l'animer & de l'encoura-

T 4   ger.

(*a*) Il ne sera pas possible au fermier de la dîme d'en cacher le produit en nature, si par un règlement fort simple, on oblige le juge, ou autre officier municipal, de chaque village d'en constater le montant tous les ans par un bref état; ce qui est une opération très-facile, très-prompte & sans frais.

ger. On saura à combien monte la consommation de chaque sorte de productions, la quantité qui reste de productions brutes pour le commerce étranger, quelles sont les sortes de productions qui méritent la préférence, & qui doivent être encouragées relativement aux plus grands avantages de l'industrie & du commerce; celles qui peuvent soutenir des droits de sortie, & à quel taux sans nuire à l'industrie, ni au commerce, ni à l'agriculture; celles enfin dont la sortie doit être interdite, génée ou entiérement libre.

§. 2. De la liberté du commerce des grains, & des moïens d'en écarter tout inconvénient.

Parmi les productions naturelles, les grains demandent une attention particuliere. La disette qui se fait sentir fréquemment dans différens Etats de l'Europe, & l'avantage que quelques uns de ces Etats pourroient tirer du commerce des blés, rendent très-précieuse une mesure d'après laquelle on fait exactement tous les ans le montant de mesures de blé récueillies dans toute l'étendue de l'Etat. Si à cette connoissance on ajoute celle du montant de la population, on sera assuré du montant du

su-

fuperflu, qui forme l'objet d'une exportation.

Ces connoiffances acquifes donnent
à l'adminiftration la facilité de concilier parfaitement la liberté du commerce des grains dans tous les tems,
avec la néceffité de tenir l'Etat toujours approvifionné.

Tous les encouragemens qu'on
peut donner à l'agriculture, font
inutiles fans le concours de la liberté du commerce. Il faut affurer le
débit des productions à ceux qui les
font naitre. Ce fut le premier principe du Duc de Sully pour remettre
en France l'agriculture en bon état,
& l'entretenir. Auffi foutint-il cette
liberté dans toutes les occafions avec
une grande vigueur. En 1607. un
Juge de Saumur fut menacé d'une
punition exemplaire, pour avoir défendu la fortiè des blés hors du Royaume. *Si chaque officier*, écrivoit-
il au Roi, *en faifoit autant, votre
peuple feroit bientôt fans argent, &
par conféquent votre Majefté.*

Qui peut fe diffimuler que la concurrence de l'étranger entretenant
un profit certain fur le prix de nos
blés, & prevenant leur non-valeur,

T 5

doit

doit augmenter les revenus, exciter au travail, encourager l'agriculture, & par conféquent accroître la population ? L'exemple de l'Angleterre eft frappant; celui de la France l'eft peut-être encore plus. Sully, devenu Miniftre, rétablit principalement par ce moïen l'agriculture qui étoit entiérement dépérie par les guerres civiles. La France devint l'un des greniers de l'Europe. Elle jouit de cet avantage fous les regnes d'Henri IV, de Louis XIII., & durant les premieres années du regne de Louis XIV. L'abondance & le bon prix du blé entretenoient les richeffes de la nation. Car le prix commun du blé en France étoit fouvent de 26 liv. tournois & plus, valeur de la monnoïe actuelle. Ce qui formoit annuellement une richeffe dans le Royaume de plus de trois milliards. On a enfuite oublié le fyftéme du Duc de Sully: on a découragé les cultivateurs par l'excès ou par la forme des impôts, ou par les deux enfemble, & à cette caufe deftructive, on a joint les défenfes de la fortie des blés; on en a gêné le commerce de mille manières.

Cet-

Cette richeſſe eſt diminuée aujourd'
hui de près de moitié. La France
qui produiſoit autre fois 70 milions
de ſeptiers de blé, en produit à peine 40 milions aujourd'hui. On a
d'abord attribué les diſettes cauſées
par l'excès & par la forme des impôts, à la ſortie des blés, on l'a interdite : & en ajoutant ainſi une ſeconde cauſe deſtructive à la premiere, on a non-ſeulement tout-à-fait
perdu la richeſſe du commerce des
grains; mais on s'eſt encoré procu-
curé une diſette permanente. L'Angleterre après avoir élevé ſon agriculture comme la France, l'a détruite
par les mêmes moïens. Elle a ajouté
de même recemment à l'excès des impôts, les génes dans le commerce.

On convient de tous les avanta-
ges de la liberté du commerce des
blés, ſoit dans l'intérieur, ſoit d'exportation, on reconnoit encore que
par le nouvel ordre d'économie que
vous propoſez, l'abondance ſera telle qu'on aura rarement une année
de diſette. La prudence veut cependant qu'on ſuppoſe de tems en tems,
qu'on prévoie même de loin une
année de diſette & les précautions à
pren-

prendre alors; fur-tout une difette univerfelle, qui peut être telle chez les nations voifines, que la notre fe trouve par la liberté de l'exportation & par l'apas du gain, dépourvue en un moment de la quantité de blé néceffaire à fa fubfiftance, & fans reffource alors pour s'en pourvoir. Nous ne devons pas comparer dans ce cas notre Monarchie à la France, ni à l'Angleterre. Nous n'avons point de ports de mer, ou ils font trop éloignés d'une grande partie de la Monarchie, pour qu'il nous fût permis d'efpérer, dans le cas où elle auroit été épuifée par des exportations indifcretes, de trouver la même promptitude de fecours dans le commerce étranger.

Refponfe. Sans doute ce cas d'une grande difette doit être prévu, & fi vous admettez en même tems la néceffité du commerce des grains pour enrichir votre Etat, à quoi le bon fens ne vous permet pas de vous refufer, & la néceffité de prévoir une année de difette, foit chez vous, foit chez l'étranger; vous devez reconnoître que la converfion de l'impôt territorial en une dîme, eft l'inftitution la

plus

plus heureuse que l'administration puisse faire. Car dans la pratique, sans rien diminuer des revenus de l'Etat, en leur donnant au contraire un accroissement progressif qui suit les progrès de l'agriculture, dont on ne doit plus douter, l'administration aquiert une mesure exempte d'erreur pour assurer dans le cas de la plus grande disette possible, la subsistance des peuples sans détruire la liberté du commerce; pour faire le bien de l'Etat sans inconvéniens, & pour écarter dans les précautions à prendre, le mal, & souvent un très-grand mal, qui se trouve presque toujours à côté du bien: c'est-à-dire, qui accompagne presque toujours dans les cas de disette, les secours que le Souverain donne à ses peuples.

Ceci est une affaire de calcul, & d'un calcul prompt, facile & sans erreur. Le calcul établi, les ordres à donner seront surement toujours à l'avantage de l'Etat, sans être nuisibles. Mais il faut avant tout, annoncer la liberté du commerce comme Loi fondamentale, tant dans l'intérieur où la circulation des denrées doit être toujours libre, comme cel-

le

le de l'argent, que d'exportation.
Il faut éloigner toute idée de monopole & de monopoleurs; car il n'y
a pas plus de monopole à former des
magafins de blé, que de toute autre
forte de denrées, & à attendre
que la denrée foit renchérie pour
l'expofer en vente. Il n'y a de monopole que dans le privilége exclufif
d'acheter & de vendre, & il eft impoffible qu'il y en ait dans l'état de
liberté & de concurrence. Il eft au
contraire de l'interêt public qu'il y
ait une liberté entiere de former des
magafins, qu'il y ait une grande
concurrence & une entiere liberté
d'acheter & de vendre. Partout où
l'on rejettera ces maximes, on s'oc-
cupera fans fuccès de l'amélioration
de l'agriculture. Car alors on dé-
truira les bras du laboureur en lui
ôtant l'efpérance du gain, le feul
motif qui peut animer fon travail.

La premiere de toutes les opérations du commerce, celle par-où
il commence fa marche dans la fociété pour debarraffer une partie de
la fociété de fon fuperflu & préfenter à l'autre ce qui lui eft néceffaire,
confifte dans l'achat des productions

na-

naturelles dans les lieux mêmes où elles croissent : & il n'en croît point ou fort peu dans les meilleures terres où il ne vient point de négocians les acheter. Les productions restant invendues, les habitans ne se donnent pas la peine de les faire croître. Cet abandon de la culture des blés arrivera infailliblement dans tout païs où le négociant ne pourra former de magasins sans craindre d'être réputé monopoleur en cas de hausse de prix, & de n'avoir pas la liberté de vendre à son gré.

La liberté du commerce indispensablement nécessaire étant bien établie, il sera facile au Ministre de prévenir tous les désordres qu'une disette peut faire éprouver, sans détruire cette liberté & sans altérer la confiance publique ; sans ôter par conséquent à l'agriculture les avantages que lui procure le commerce, sans lesquels elle ne sauroit se soutenir.

On sait, ou il est très facile de savoir, le montant de la population de l'Etat. Car le dénombrement une fois fait, la liste annuelle des naissances & des morts, assure pour toujours

jours le montant exact de la population, fi l'on y ajoute celle des émigrations & des établiffemens des
étrangers.   On fait dès lors le montant de la confommation des blés.

On faura par la dîme royale, le
montant total de la recolte de chaque année, déducction faite des fémences.   La dîme, foit eccléfiafti-
que, foit des Seigneurs, ne fauroit
procurer cette mefure exacte, attendu la diverfité de fon taux, &
qu'elle eft inconnue dans beaucoup
de païs. Au moïen des déclarations
faites à la fortie, on faura le montant de ce qui refte de la recolte des
années précédentes : conféquemment
dans le cas d'une difette préfque générale, telle qu'on en éprouve quelque fois en Europe, le miniftére affuré de l'étendue de l'excédent de
la confommation, laiffera la liberté
de la fortie du fuperflu, & ne l'in-
terdira qu'à peu près au dégré où la
fortie ne pourroit plus avoir lieu
fans prendre fur la fubfiftance intérieure.   Une géne qui n'arrive & ne
peut être impofée, que dans ce cas
extrême, ne fauroit nuire au commerce des grains.   Tant que le com-
mer-

merce fera d'ailleurs libre dans l'intérieur, dans ce cas de difette une
province approvifionnera toujours à
tems une autre province. Mais les
magafins ne doivent jamais être forcés, ni fur le prix, ni fur la vente,
par l'autorité. Désque la fortie n'a
plus lieu, ceux qui n'ont pas profité de la liberté de l'exportation,
font naturellement obligés de vendre
pour leur propre intérét, fur-tout fi
par des greniers publics on a foin de
garnir les marchés.

„ Cette fameufe Loi, dit-on en
France, (la Loi qui établit la liberté du commerce des grains) qui devoit étre le fignal de la Félicité publique, a été le fignal de la famine.
Un fleau moral (le monopole) jusqu'alors inconnu à la nation, lui a
rendu fon propre fol étranger, & a
montré dans le jour le plus horrible
la dépravation humaine. Je crois
beaucoup à la profonde humanité
des écrivains qui ont été les fau-
teurs de cette loi ; elle fera peut
être du bien un jour: mais ils doivent éternellement fe reprocher d'a-
voir caufé fans le vouloir, la mort
de plufieurs miliers d'hommes, & les

Objec-
tion.

U   foufsouffrances de ceux que la mort a épargnés. *Cette loi eſt un ſiphon qu'ils ont mis dans la main du commerce, & avec lequel il a ſuçé la ſubſtance du peuple* (*a*). On pouſſe des cris douloureux ; donc l'nſtitution eſt actuellement mauvaiſe. Il falloit ſentir qu'un beſoin de premiere néceſſité ne devoit pas être abandonné au cours fortuit des événemens ; qu'une nouveauté auſſi étrange dans un vaſte Royaume lui donneroit une ſecouſſe qui opprimeroit certainement la partie la plus foible. C'étoit cependant le contraire que les Economiſtes ſe promettoient. Ils doivent avouer qu'ils ſe ſont égarés par le déſir même du bien public. Cette loi donc n'a été qu'un voile décevant pour exercer légalement les plus horribles monopoles. On l'a tournée contre la patrie, dont elle devoit faire la ſplendeur. Gémiſſez, Ecrivains ! & quoique vous aïez ſuivi les mouvemens généreux d'un cœur vraiement potriotique, ſentez combien il a été dangereux de ne

pas

(*a*) Expreſſions de M... Avocat éloquent.

pas connoître votre siècle & les hommes, & de leur avoir présenté un
bienfait qu'ils ont changé en poison;
c'est à vous présentement de soulager le malade dans la cure qui le
tue, de lui indiquer le remède, &
de le sauver, s'il vous est possible.
Hic labor, hoc opus ,,.

Et vous, ennemi d'une liberté lé Réponse.
gitime que la prospérité de votre
nation rend indispensable, vous augmentez autant qu'il est en votre pouvoir, les souffrances des hommes sensibles qui vous écoutent, par un
tableau touchant & stérile des calamités publiques. Le Médecin habile & raisonnable ne présente à un malade l'image affligeante de son état,
que pour le rendre plus docile à ses
ordonnances salutaires, & assurer
ainsi l'efficacité des remèdes qu'il juge nécessaires à la guerison; & vous,
vous ne nous présentez que des descriptions de calamités sans remède.

Le génie Anglois, sans se livrer
à des images pitoresques des fleaux
qui se répandent sur la nation, &
qui la menacent sans cesse d'une revolution funeste, s'occupe essentiellement de la recherche des causes du

 mal

mal & des moïens de le faire ceſſer.
M. *Powuall* (a) dans le rapport du Co-
mité chargé de remédier *à la cherté
du pain*, repréſente ſimplement „ le
peu de poſſibilité qu'il y avoit de
former un plan général pour diminuer
le prix des denrées, parceque pour
en venir à bout, il faudroit remon-
ter à l'accroiſſement de l'argent en
Europe depuis quelques années, à
l'augmentation de la valeur de la
main d'œuvre , & au produit des
biens de la terre; & qu'en matière
d'une incertitude ſi marquée, ce ſeroit s'embarraſſer dans des difficultés
& ſe plonger dans de plus grands
maux, que ceux auxquels on vou-
droit à préſent remédier „.

Il ne faut pas croire qu'un Comi-
té choiſi dans la chambre des communes, n'ait pas vu dans l'excès des
impôts, la cauſe de la diſette permanente qui afflige l'Angletterre
depuis tant d'années, & le remède
au mal, dans une grande diminution des impôts. Mais comment concilier une ſuppreſſion d'impôts pour
quel-

____

(a) Dans la chambre des communes le 29.
Décembre 1772.

quelques milions de livres Sterl. avée
le crédit, avec la néceſſité de païer les
intérêts de la dette publique, avec
l'honneur, la bonne foi, la fidélité
due aux créanciers de l'Etat, dont
l'Angleterre eſt ſi jalouſe ; avec l'intérêt perſonnel même de la plûpart
des citoyens qui ont part au gouvernement, intéreſſés dans la dette
publique ? Cette ſuppreſſion qui eſt
le reméde à un grand mal, eſt regardée comme un mal encore plus
grand, & on prend le parti de ne
point lever le voile qui cache au
peuple la vraïe cauſe de ſes calamités, & le vrai reméde qu'il eſt ſi difficile d'y appliquer.

On veut que le peuple croie que
l'accroiſſement de l'argent en Europe eſt la cauſe de la cherté du
pain, & l'on a raiſon, ſi on peut le
ſoulager par cette illuſion. Mais
cette cauſe ne peut être admiſe par
quiconque ne voit pas des yeux du
peuple. L'accroiſſement de l'argent
en Europe depuis dix ou douze années que le pain eſt cher en Angleterre, ne peut pas monter à plus de
dix ou douze milions de liv. ſterl. cal-
culés ſur les retours annuels des In-
U 3   des

des Occidentales, fur les envoys annuels aux Indes Orientales & dans le levant, & fur la confommation immenfe qui s'en fait en Europe en étoffes, en dorures, en galons, en bijouterie & en vaiffelle. A qui pourroit-on perfuader que douze ou quinze milions de liv. fterl. répandus en Europe pendant dix ou douze ans aient eu la plus legére influence fur la cherté du pain en Angleterre pendant ce même nombre d'années?

Croira-t-on que l'Angleterre, qui dans fes beaux jours vendoit à l'étranger des grains pour des milions tous les ans, qui avoit établi ce commerce & le foutenoit par un encouragement donné à la fortie, & qui en confidérant & traitant l'agriculture comme un grand objet de commerce, l'avoit élevée chez elle presqu'au plus haut degré de richeffe, ait pu perdre enfuite cette richeffe & y fubftituer une difette permanente par cette même liberté de commerce, par ce premier principe de fon élevation? Qui pourroit voir dans l'état d'exportation préfenté à la chambre des communes en 1751, des années 1746, 1747, 1748, 1749 & 1750,

1750, qui contient une exportation de 5, 289, 847 quarters de grains qui à 1. liv. fterl. 8 shel, prix commun de tous grains, font une fomme de 7, 405, 786. liv. fterl. qui pouroit, dif-je, voir dans cet état le principe de-ftruétif de l'agriculture, & celui de la difette permanente dont l'Angle-terre eft affligée depuis dix ou douze années ?

On a enfin jetté les yeux en An-gleterre, comme on vient de le voir, fur la cherté de la main d'œuvre : & il eft vrai, que la cherté de la main d'œuvre eft une caufe deftru-étive de toute induftrie. Mais cet-te cherté n'eft qu'un effet d'une pre-miere caufe, à laquelle il faut re-monter, fi l'on veut s'occuper avec fuccès à rétablir l'abondance, ou du moins arrêter le cours de la deftru-étion. Cette caufe eft dans l'excès des impôts ; & comment ne pas voir que tous les efforts de l'art & de la politique la plus recherchée feront inutiles tant que cette caufe fubfifte-ra, & qu'il faudra bien des années pour réparer les ravages qu'elle a faits ? Vous avez détruit les bras de vos cultivateurs en leur enlevant

par l'excés des impôts une partie de
leur subsistance, & vous étes assez
aveugles ou assez injustes pour oser
prétendre relever des bras abbattus
& remplacer les cultivateurs que
vous avez détruits, en ne permet-
tant point aux mains foibles qui cul-
tivent encore une partie de votre
terrein, de vendre en liberté les
fruits de leur travail!

Qu'on se rappelle la situation de
la France & de l'Angleterre dans
l'état d'un impôt modéré & de la liberté du commerce des grains, on
n'y voit pas une seule année de disette. Ces deux nations nourrissent
tour-à-tour une partie de l'Europe
de leur superflu. Depuis quand ont-
elles besoin tous les ans, ou présque
tous les ans, du secours des étrangers pour avoir du pain? n'est ce pas
depuis l'époque de l'excès des impôts? On a eu recours alors aux
gênes, aux interdictions du commerce; on a ajouté ainsi une nouvelle
cause destructive à la premiere, qui
l'a rendue encore plus active & plus
prompte. Ne croyez pas qu'on ait
généralement regardé les interdictions
comme un moïen propre à arrêter

les

les ravages de l'excès des impôts &
à rétablir l'abondance ; ne prêtez ,
point des vues fi abfurdes à des miniftres éclairés. Ils n'ont vu que du
mal dans l'interdiction du commerce,
mais un mal forcé , qu'il a fallu emploïer comme un remède momenta-
né. Pourroient - ils s'être fait un fyftéme de cette interdiction, qui feroit
un fyftéme de deftruction? Comment
concevoir qu'aucun adminiftrateur
ait pu imaginer qu'en interdifant aux
cultivateurs la liberté de vendre les
fruits de leur travail , on ranimera
des bras enervés, on rappellera à la
vie des hommes détruits par l'excès
des impôts ?

Vous qui prétendez que la liberté du commerce, que la loi de l'exportation n'a été qu'un voile pour
exércer légalement les plus horribles monopoles , vous ignorez la
marche du commerce & ce que c'eft
que monopole. Il ne peut y avoir
de monopole dans aucun païs où la
marche du commerce eft libre. Le
monopole ne s'établit que par un
privilège exclufif, fecret ou public,
d'acheter & de vendre , & jamais
dans l'état de liberté, qui eft préci-

 féſément l'état de concurrence , état qu'il eſt impoſſible de concilier avec l'idée du monopole.   Ce ſont vos gênes & vos interdictions qui donnent lieu à des monopoles, d'autant plus meurtriers, qu'ils ſont ſecrets ou ſecretement autoriſés.

Les Ecrivains qu'on condamne ſi legérement à *gémir* pour avoir préſenté dans la liberté du commerce des grains un encouragement à donner à l'agriculture, & provoqué la loi de l'exportation, qu'on appelle inconſidérément *un ſiphon mis dans les mains du commerce avec lequel il a ſucé la ſubſtance du peuple ,* ont eu tort ſans doute, s'ils ont prétendu que la liberté du commerce des grains ſuffiſoit pour rétablir l'agriculture & prévenir les calamités d'une diſette permanente. Mais on les calomnie, s'ils ont demandé en même tems un impôt modéré. Car il eſt démontré que dans le cas même d'un impôt modéré, le défaut de liberté dans la vente des fruits, détruit l'agriculture : & dans l'excès de l'impôt tout eſt perdu ; la liberté ne préſente alors qu'un ſecours ſtérile. Qu'on mette la liberté à la ſuite de

l'im-

l'impôt modéré, l'abondance renaî-
tra dans la pratique, comme fous la
plume de l'ecrivain ami de l'humanité, & fon cœur s'ouvrira à la joïe
en voïant exécuter fon fyftème, comme le feul qui peut produire l'abondance, l'opulence, la force, la profpérité, en un mot la vraïe richeffe
de l'Etat.

On a établi ci-deffus les moyens
de prévoir une difette momentanée,
& de concilier la liberté du commerce que demande l'agriculture, avec
les précautions qu'une difette momentanée peut exiger quelquefois du
Gouvernement. On peut y ajouter
l'établiffement de greniers publies.

On a fouvent propofé chez différentes nations, d'établir des magafins
publics pour prévenir les défordres
qui fuivent une mauvaife recolte.
Mais on a toujours redouté les frais
de l'entretien d'un établiffement de
ce genre, dont le fuccès eft cependant conftaté par une longue expérience. Il y a depuis [longtems un
grenier public à Geneve, établi &
entretenu par une fage adminiftration. Cette inftitution fait deux fonctions bien importantes dans l'admi-
nif-

§. 3.
Des gre
niers
publics.

niſtration de la République : elle eſt
la reſſource publique dans les mauvaiſes années, & fournit en même
tems le principal revenu de l'Etat
dans tous les tems. Les adminiſtra-
teurs de ce magaſin font le commerce des grains pour le compte de la
République ; auſſi cette inſtitution a
mérité qu'on mit ſur la façade de
l'édifice cette inſcription, *alit & di-
rat.* Pourquoi ne pourroit-on pas
imiter ailleurs une telle inſtitution
dans les principales villes ? Il ſemble qu'il ne devroit y avoir de difficulté qu'à former un réglement
d'adminiſtration pour en écarter tous
les abus, & qu'on levroit facilement
cette difficulté en adoptant le réglement qu'on ſuit à Geneve.

Il eſt certain que la concurrence
de ces greniers dans les achats &
dans les ventes, jointe à la liberté
du commerce, entretiendroit dans
tous les tems les blés à un bon prix
pour les cultivateurs, qui ont beſoin que le prix du blé ſe ſoutienne
pour ſoutenir les ſoins qu'ils doivent
donner à une bonne culture ; & dans
le tems de diſette, ces greniers ne
pouvant vendre au dehors, empê-
che-

cheroient par leur concurrence à la vente dans les marchés de l'intérieur, la trop grande élevation des prix. Il arriveroit de cet ordre d'adminiſtration, que dans le tems d'un haut prix chez l'étranger, les peuples de l'Etat s'enrichiroient ſans aucun riſque des inconvéniens d'une diſette dans l'intérieur, & que le haut prix des grains au lieu de nuire, animeroit encore plus les cultivateurs, & accroitroit les progrès de l'agriculture. Telle eſt la part que les grandes villes pourroient prendre à l'amélioration & aux progrès de l'agriculture.

Ce plan d'amélioration enviſagé dans toutes ſes parties & dans tous ſes rapports, forme & établit inconteſtablement une chaîne, qui lie par un intérêt commun, les Sujets, les Seigneurs & le Souverain. Le Sujet aſſuré de la propriété de ſa perſonne, de celle de ſon champ & des fruits de ſon travail, ne néglige aucun moïen de fertiliſer ſa terre, & d'accroître ſa recolte. L'eſprit de propriété anime ſans ceſſe ſon induſtrie, lui donne de l'intelligence & le tient toujours en activité. Il eſt

mieux

Concluſion.

mieux nourri, mieux vêtu ; il ne craint point de donner de nouveaux ſujets à l'Etat; ſes enfans ſont pour lui-même un accroiſſement de richeſ-ſe, & par ſes enfans, par la répro-duction de ſes beſtiaux, par l'ac-croiſſement de ſes recoltes, il ne ceſ-ſe d'accroitre les revenus de ſon Sei-gneur & la richeſſe du Souverain. Quel droit n'a-t-il donc pas à la protection du Seigneur & du Souve-rain ? Et quel intérêt le Souverain & le Seigneur n'ont-ils pas à le protéger & à veiller à ſa conſerva-tion ?

C'eſt auſſi par cette protection que le Seigneur concourt à former l'opulence de l'Etat ; qu'en donnant un accroiſſement infini à ſa propre fortune, il enrichit la ſource des fi-nances & de la force de l'Etat. C'eſt ainſi que tous les intérêts particu-liers ſe réuniſſent par la force du principe qui les lie, pour former l'in-térêt général, pour rendre l'Etat ſo-lidement riche & puiſſant, & aſſurer ainſi le repos & le bonheur de tous les peuples.

Il eſt prouvé, que par la conver-ſion de tous les droits perſonnels &

en

en argent en un équivalent en fruits, en une dîme quelconque, fuivie infailliblement d'une meilleure méthode de culture, les productions de toutes les terres de l'Etat feront augmentées de plus du double. Or comme les revenus du Souverain fuivent néceffairement la progreffion de la culture des terres, il en réfulte infailliblement une augmentation du double dans les revenus du Souverain. Non feulement l'impôt territorial reçoit le même accroiffement progreffif que les cultivateurs donnent au produit de leurs terres; mais la population, l'induftrie & le commerce, qui augmentent dans la même proportion d'accroiffement qu'on donne à la fource, donnent auffi une augmentation dans la même proportion à toutes les branches des revenus de l'Etat. Il devient facile alors d'amortir en peu d'années toutes les dettes de l'Etat, de rendre plus légers les impôts les plus onéreux; d'animer, d'encourager fans ceffe la population, l'agriculture, l'induftrie & le commerce fans aucune gêne pour les finances.

Tous

Tous les efforts de la politique ne sauroient produire un projet de finance plus riche, plus conforme au bien de l'Etat & de l'humanité. La science de la finance s'occupe de la cause productive, elle pénétre à la source des richesses; & c'est principalement par la cause productive, par l'accroissement de la source des richesses, que cette science veut accroître les richesses des finances. Il ne s'agit point ici de nouveaux impôts à mettre sur les peuples, d'une opération de finance dans laquelle il n'est question que de faire passer l'argent que l'Etat posséde, d'une main dans l'autre. Il s'agit de créer de nouvelles richesses, & d'enrichir la finance par la richesse du territoire, en le mettant en valeur, en doublant ses productions annuelles & sa population. Il s'agit d'adopter un projet de finance, qui dans l'exécution en double le revenu en doublant la fortune des peuples, en jettant les fondements solides de l'opulence & de la félicité publique.

C'est ainsi que le Souverain peut mettre la main à la charrue, peut-être plus heureusement pour sa nation,

nation, qu'il ne feroit en imitant l'exemple fastueux & tant vanté, que l'Empereur de la Chine donne tous les ans au peuple, en traçant un sillon de ses mains en préfence de toute sa cour & des Mandarins cultivateurs.

(*a*) „ Dieu de bonté, auteur de tous les êtres, vos regards paternels embraffent tous les objets de la création ; mais l'homme est votre être de choix, vous avez éclairé son ame d'un rayon de votre lumière immortelle, comblez vos bienfaits en pénétrant son cœur d'un trait de vôtre amour: ce fentiment divin fe répandant partout, réunira les natures ennemies; l'homme ne craindra plus l'afpect de l'homme, le fer homicide n'armera plus fa main; le feu dévorant de la guerre ne fera plus tàrir la fource des générations; l'efpéce humaine maintenant affoiblie, mutilée, moiffonnée dans fa fleur, germera de nouveau & fe multipliera fans nombre; la nature accablée fous le poids des fleaux, ftérile,

X

aban-

(*a*) M. de Buffon.

abandonée, reprendra bientôt avec
une nouvelle vie son ancienne fé-
condité; & nous, Dieu bienfaiteur,
nous la seconderons, nous la culti-
verons, nous l'observerons sans cesse
pour vous offrir à chaque instant un
nouveau tribut de reconnoissance &
d'admiration „.